本书由海南省普通高校"双一流"建设项目——工商管理、国家自然科学基金项目（72362013）、海南省自然科学基金项目（722MS065；724RC508）和海南省教育教学改革项目（Hnjg2023-65）资助。

企业数字化转型理论与实践研究

董 峰◎著

吉林大学出版社

·长春·

图书在版编目（CIP）数据

企业数字化转型理论与实践研究 / 董峰著. -- 长春：吉林大学出版社, 2023.10

ISBN 978-7-5768-2785-9

Ⅰ.①企… Ⅱ.①董… Ⅲ.①企业管理—数字化—研究 Ⅳ.① F272.7

中国国家版本馆 CIP 数据核字 (2023) 第 242669 号

书　　名	企业数字化转型理论与实践研究
	QIYE SHUZIHUA ZHUANXING LILUN YU SHIJIAN YANJIU
作　　者	董　峰　著
策划编辑	殷丽爽
责任编辑	殷丽爽
责任校对	李适存
装帧设计	守正文化
出版发行	吉林大学出版社
社　　址	长春市人民大街 4059 号
邮政编码	130021
发行电话	0431-89580036/58
网　　址	http://www.jlup.com.cn
电子邮箱	jldxcbs@sina.com
印　　刷	天津和萱印刷有限公司
开　　本	787mm×1092mm　1/16
印　　张	12.75
字　　数	220 千字
版　　次	2024 年 3 月　第 1 版
印　　次	2024 年 3 月　第 1 次
书　　号	ISBN 978-7-5768-2785-9
定　　价	72.00 元

版权所有　翻印必究

前　言

　　以大数据、人工智能、云计算、移动互联等为代表的新一代数字技术日新月异，人类加速步入数字化时代，数字经济已成为引领全球经济社会变革的重要引擎。在数字经济蓬勃发展的大趋势下，企业的数字化转型也在不断向纵深拓展，并展现出强大生命力。创新作为企业的一项重要战略投资，在企业长期竞争优势获取和价值提升过程中发挥着重要的基础性作用。

　　创新是一项对前沿技术进行探索突破并在企业付诸实践的过程，需要在充分掌握该领域发展前沿资讯，高效整合人财物等资源的同时进行频繁试错；充分挖掘科技信息并融合于企业现有创新资源要素中实现深度互动，在此基础上，在科学执行研发程序的同时相机调整突破方向，最终获得创新创造成果，这构成了企业创新活动的基础性流程。事实上，企业数字化转型的推进很可能会加速上述过程的表达，从而实现效率提升。此外，在研发流程执行中，数字化管理带来的自动化管理模式也有助于整合现有要素资源，降低流程操作风险，防止人为干预导致的浪费和错配，进一步提升研发创新效率。

　　本书的主要内容为企业数字化转型理论与实践研究。本书第一章主要介绍了数字化，分为三个部分，第一节介绍了数字化的发展阶段，第二节介绍了数字化建设的模型思维，第三节介绍了数字化时代的基本概念；本书第二章的主要内容为企业数字化转型的理论基础，主要介绍了四个方面的内容，依次是企业数字化转型的风险、企业数字化转型的动力、企业数字化转型的模式、企业数字化转型的技术；第三章的主要内容为企业数字化转型的工具——数据中台，分别介绍了两个方面的内容，第一节为数据中台的基本概念，第二节为数据中台的建设应用；

本书第四章主要介绍了汽车公司数字化转型的创新实践，包括三个方面，依次是汽车公司数字化转型的理论背景、汽车公司数字化转型的实践重点、汽车公司数字化转型的实践应用；本书第五章主要介绍了广告公司数字化转型的创新实践，包括三个方面，依次是广告公司数字化转型的理论背景、广告公司数字化转型的核心驱动力、广告公司数字化转型的实践应用。

  在撰写本书的过程中，作者参考了大量的学术文献，得到了许多专家学者的帮助，在此表示真诚感谢。本书内容系统全面，论述条理清晰、深入浅出，但由于作者水平有限，书中难免有疏漏之处，希望广大同行及时指正。

董峰

2023 年 6 月

目　录

第一章　数字化概述 ··· 1
- 第一节　数字化的发展阶段 ·· 1
- 第二节　数字化建设的模型思维 ·· 6
- 第三节　数字化时代的基本概念 ······································· 11

第二章　企业数字化转型的理论基础 ····································· 33
- 第一节　企业数字化转型的风险 ······································· 33
- 第二节　企业数字化转型的动力 ······································· 36
- 第三节　企业数字化转型的模式 ······································· 39
- 第四节　企业数字化转型的技术 ······································· 43

第三章　企业数字化转型的工具——数据中台 ···························· 60
- 第一节　数据中台的基本概念 ··· 60
- 第二节　数据中台的建设应用 ··· 71

第四章　汽车公司数字化转型的创新实践 ································ 99
- 第一节　汽车公司数字化转型的理论背景 ······························· 99
- 第二节　汽车公司数字化转型的实践重点 ······························ 111
- 第三节　汽车公司数字化转型的实践应用 ······························ 139

第五章 广告公司数字化转型的创新实践 ·············· 157
第一节 广告公司数字化转型的理论背景 ·············· 157
第二节 广告公司数字化转型的核心驱动力 ············ 161
第三节 广告公司数字化转型的实践应用 ·············· 174

参考文献 ·· 192

第一章 数字化概述

在人类历史上发生过很多次重要的社会变革，其中为数不少的一部分是由于生产力要素的变革产生的。例如，蒸汽机的发明推动了工业革命，极大地提高了生产效率；铁路的铺设让人们可以快速到达远方，将不同的区域和资源更加紧密地联系在一起；电力的广泛应用，从底层改变了人们的工作和生活方式。

本章的主要内容是数字化概述，分别从三个方面进行相关论述，依次是数字化的发展阶段、数字化建设的模型思维、数字化时代的基本概念。

第一节 数字化的发展阶段

一、相关背景

从 20 世纪中叶起至 21 世纪初，先后出现了三次重要的生产力要素变革，它们分别是计算机、互联网及移动互联网。这三者很特别，与以往的变革不太一样。首先，计算机、互联网和移动互联网三者之间有很明显的承接性：计算机的发明开启了数字化进程，互联网的应用让数据广泛地流动起来，而移动互联网的出现，则将人和数据绑定在一起，使其合二为一，创造了更多前所未有的数字化场景。其次，这三者表面上看起来是生产力要素，但实际上，特别是在中国，其更深层次的意义是聚集了一群人，并产生了一套思维方式。我们可以将优秀的互联网公司看作数字化的标杆，所谓的"互联网思维"（其实互联网行业对这个概念并无共识）在过去 10 年间创造了很多奇迹，也在大力推动着社会发展。

如果把时间线拉长，我们会发现中国存在着两条不同的数字化演变线索。其中一条是由 IT 行业驱动，这条线的特点是以传统行业为主导，以 IT 技术为辅助，逐步将各行各业的数据和生产流程数字化；另一条则是由互联网行业引领，其特点是自身"野蛮"生长，持续创新并创造巨额财富，然后与IT这条线会合，开始改造和颠覆传统行业。如今，在很大程度上互联网已经取代了原IT行业的位置，成为数字化发展的领导者，并持续探索和创造新产品与新模式。

如图1-1所示，从整体上来看，整个数字化在中国发展的路径呈字母"Y"的形状，因此作者将其称为数字化"Y路径"演化模型。该演化路径可以分为五个阶段。

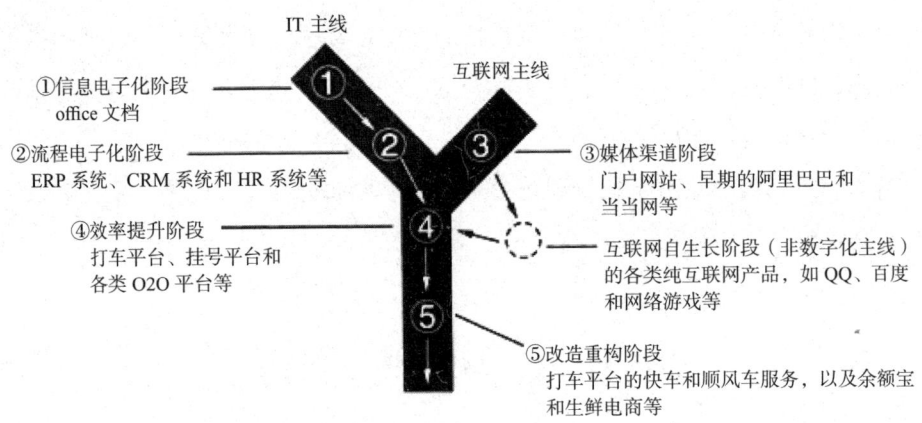

图1-1　数字化"Y路径"演化模型

二、信息电子化阶段

彼时，以计算机应用为代表的IT行业兴起，微软、英特尔和IBM这样的公司正如日中天。IT行业之外，其他行业也慢慢地意识到，计算机可能是一种新的生产力。使用计算机办公，其好处是显而易见的，具体如下：

（1）计算速度快，处理财务报表又快又准；

（2）存入计算机的数据可以轻易地复制，避免了不少重复劳动；

（3）可以快速对文件和内容进行检索；

（4）打字熟练后，文字输入速度明显快于手写。

在这个时期，现实世界中在纸上记载的信息开始逐步被输入计算机中，变成电子化数据。因此，笔者将其看作数字化发展的第一个阶段，称为"信息电子化"

阶段。在这个阶段，相应的硬件和软件相继被开发和制造出来，相关产业蓬勃发展。

在信息电子化时代，存储在计算机中的信息往往是零散且单点分布的。例如，一家公司的产品生产相关信息，如原材料信息、供应商信息和技术文档等，可能存储在生产部的计算机中；而销售数据和订单数据等，可能存储在销售部的计算机中；同样，公司的员工档案和财务报表，则可能分别存储在行政部门和财务部门的计算机中。而在业务和流程层面，数字化能力大多处于断档的状态。例如，公司会计算好了工资，依然需要打印出工资单来，随现金一起发放给员工；员工要办理一个业务，大概也是先把单据打印出来，然后去不同的办公室签字和盖章。

另外，在那个年代想要实现信息的电子化，需付出较高的成本。除了设备采购和维护的成本外，最重要的是学习和适应的成本。要让很多从未接触过计算机的人转变原有的工作方式，借助计算机来完成工作，实在是一个很有挑战性的工程。并且那个年代的计算机的功能远远不如现在这般强大，有时候同样的工作借助计算机来完成并不比使用传统方式顺畅。

在信息电子化阶段，一方面，计算机的应用在一定程度上提升了单点的工作效率；另一方面，整个组织的管理者和员工等都需要额外学习很多新技术来适应新的工作方式，从而在一定程度上增加了成本，甚至导致效率降低。综合来看，这些数字化技术对具体企业的影响究竟是利大于弊还是弊大于利，其实并不好说。

发展一定伴随着阵痛。不论怎样，老牌的 IT 企业依然与当年的远见者一同完成了整个社会范围内的数字化启蒙，为未来的发展奠定了坚实的基础。

三、流程电子化阶段

信息电子化过程发展到较高的程度，便遇到了一类必然会遇到的问题，那就是各类信息只能散落在不同的计算机硬盘上，以一个个文件的形式存在，形成了最初的"信息孤岛"。随着存储的信息量越来越大，这种管理形式将面临检索和查阅效率低等方面的挑战，更不用说把这些信息聚合在一起而产生更大的价值。

在这种情况下，数字化的发展就自然导向了第二个阶段，笔者称之为"流程电子化"阶段。这个时期典型的产品形态就是各类系统，如 ERP 系统、CRM 系统和人力资源管理系统等。这类"系统"软件的本质是把原有的工作流程搬到计算机上，并把流程中需要的数据集中存储。如果配合内部网络，其工作流程的流转范围会更广，流转效率会更高。因此，流程电子化的意义在于，将计算机和网络等技术的应用范围，由简单的存储、查阅和计算场景变成了真正的日常工作场景。一旦完成了流程电子化，也就具备了以数字化方式进行企业综合管理的基础。

然而，这个时期的演化思路也恰恰让IT行业开始走向下坡，让今日我们日常语境中的"互联网行业"从IT行业中被抽出。其原因在于流程电子化的思路仅仅是将已有的工作流程以另外的方式承载而已，并没有太多针对工作方式的创新，更没有什么对业务和商业模式的创新。另外，销售这类软件的公司大多数是"乙方"角色，它们以强销售为导向，这更加使得一些公司目光相对短浅，创新能力愈发不足，以致最终错过了互联网的这一波机会。

四、媒体渠道阶段

1995年，互联网在中国正式商业化。当年的情况是，在硬件层面互联网已然连通，但应用层面一片空白。当时很多有识之士看到了这个机会，纷纷进入互联网行业开始创业。互联网在国内发展的最初几年几乎全部是以媒体的产品形态出现的，即做一个网站，上面放置很多信息，吸引用户来看。

在数字化"Y路径"演化模型中，笔者将互联网的发展，特别是与传统行业结合的部分看作数字化演进的另一条线索。然而，互联网这条线索的起始部分仅仅是从时间顺序上排在第三位，所以被命名为阶段3，即"媒体渠道"阶段。但在逻辑上并不完全是前两个阶段的延伸，具体原因如下：

第一，发展路径完全不同。互联网从一开始就显得更加"主动"，一直试图去渗透和影响传统行业，其具体方法也从单纯的技术手段向"技术+思维+模式"的方向演进，最终，为数不少的行业被改造甚至被颠覆。而IT行业这条线，更多的是对传统行业业务的附庸。

第二，操盘者背景完全不同。优秀的互联网公司，其创始人往往是当时的年轻人，他们大多在改革开放之后受过高等教育，拥有更加开放的思维。

总体上看，在媒体渠道阶段，互联网与传统行业一般仅发生有限的配合。相当于在某些场景下，二者合作完成某个任务，但基本不发生交互，线上与线下泾渭分明，相对割裂。

互联网公司天生就具有完整的数字化属性，其与传统行业在媒体渠道这个阶段进行了短暂的合作后一度离开了与传统行业一同推进数字化这条主线，将"线上"的场景和价值发掘到了极致。事实上，互联网在中国用了不到20年的时间就改变了人们工作和生活的方方面面。即时通信、网络论坛、SNS、博客、微博和网络游戏等都曾经掀起过巨浪，它们在创造了海量财富的同时，其中相当一部分产品和服务也推动着社会的发展，甚至推动着国家的深度变革。但是这个阶段涉及的产品和服务更多的是纯线上的，并未与各行各业紧密融合，因此不在本书讨论的"数字化"主题范围内。

五、效率提升阶段

时间线持续向前，数字化的发展进入第四个阶段，即效率提升阶段。从传统行业的视角来看，目前大多数传统行业在数字化转型方面都处于这个阶段，或者正在进入这个阶段。从互联网公司的角度来看，在这个阶段，线上的流量越来越难获取，大的商业机会也越来越少，因此互联网公司重新回到了推动其他行业数字化发展的主线上，并在"Y路径"演化模型中与IT这条线索合并。事实上，从这个阶段开始，互联网行业接过了数字化的大旗，开始主导数字化发展。而老牌的IT公司则慢慢退居二线，仅承担一些基础业务，行业属性开始慢慢偏向制造业。

在效率提升阶段，互联网开始在业务逻辑层面上与传统行业进行单点融合，其主要表现是帮助传统行业提升效率——可能是生产效率、业务运转效率或管理效率等。

总体上看，在效率提升阶段，互联网开始与传统行业发生"有限的融合"，但一般不会深入行业的核心部分，更多的是在原行业的一些流程节点上进行突破和创新。大多数时候，这种融合会以提升行业内的某种效率为目的，一般不会试图改变原行业中的核心商业模式、业务模式及协作方式等。

六、改造重构阶段

时间线继续向前推进，最近几年，有些行业和公司已经进入了"Y路径"演化的第5个阶段，即改造重构阶段。这是一个全新的阶段，可参考的案例不多，但我们能够看到的案例，均使原行业发生了翻天覆地的变化，在很大程度上改造甚至重构了整个行业。

总体上看，在改造重构阶段，互联网与传统行业深度融合，试图基于新的能力、新的认知、新的思维来打破路径依赖，重新思考用户/客户、需求和场景，重新提出解决方案。必要时，会改变原行业中固有的业务模式、业务流程、商业模式和协作体系，甚至会创造出新的行业。

第二节　数字化建设的模型思维

一、模型思维对于数字化建设的重要性

"穷理尽性以至于命"的数字化建设，"穷理"是起点，而其关键则是如何用数字技术对物理世界进行映射，笔者将之称为"建模"（Modeling），即通过模型揭示物理世界或被映射的对象（又称"原型"）的形式、特征和本质。之所以说"建模"是关键，是因为模型思维具有整体性、动态性、系统化等特点，它能够清晰地揭示事物内部各要素之间及事物与事物之间的各种关系，可以帮助我们以更真实、更全面的视角来映射和理解物理世界。

在实际工作中，我们经常批评那种"头痛医头脚痛医脚"式的工作方法，也时常为"救火式"的被动响应而筋疲力尽。其实，之所以会形成这类工作局面，就是因为我们缺乏模型思维，或者说，不善于用模型思维来帮助我们寻找和制定问题的解决方案。与碎片式思维和"头痛医头脚痛医脚"式的工作方法相比，模型思维能从整体和系统的角度揭示问题，可以起到标本兼治的效果。

在很多管理不善的制造企业，我们发现企业中存在着看似矛盾的现象：一方面大量的订单不能按时交付；另一方面车间现场有大量的半成品和在制品积压，其结果是生产能力低下和制造成本居高不下。如果用碎片化思维来看，生产厂长会强调各部门和各车间加强沟通和协作，要提高生产效率，或者干脆到现场去调度和指挥，其局面甚至是乱上加乱，让所有人考虑的只有"紧急至上"。如果用模型思维来看，把各个生产环节串在一起，我们会发现车间的生产能力取决于瓶颈工序，只有保证和提升瓶颈工序的生产能力，才有可能提高车间整体的生产

能力，这就是"约束理论"（Theory of Constraint，TOC）的典型应用。在这里，TOC可以看成一种思考模型。

二、单模型思维、模型多思维和多模型思维

任何一个理论都只能描述事物的某一个（些）方面，并不能代表事物的全部。以TOC理论来说，将其用好，可能会解决制造企业产能不足或者增效的问题，但解决不了库存积压或者制造成本居高不下的问题。针对后者，可以使用准时化生产（Just In Time，JIT）。

众所周知，准时化生产最初由丰田汽车提出，后来将其完善成为丰田生产模式（Toyota Production System，TPS）。准时化生产的核心思想是由下游工序来拉动上游工序，信息传递的媒介是所谓的看板。通过准时化模型，制造企业的所有工序就能形成"一个流"的生产作业，从而尽可能地消除浪费并降低制造成本。

如上，解决制造企业中产能不足的问题，可以借助TOC模型；解决制造企业中库存积压和生产浪费的问题，可以借助JIT模型。所谓"兵来将挡，水来土掩"，指的就是模型多思维。很多时候，有些因素是相互关联或相互冲突的，或者说，我们希望能够兼顾多个方面的经营目标，这就需要运用多模型思维。以上面所讲的制造型企业为例，将TOC模型思维和JIT模型思维综合起来运用，如果综合运用得好，企业就可能实现既增效又降本的目的，这便是多模型思维的作用。在医疗卫生领域，中医思维和西医思维是两种截然不同的思维模式，前者是整体和功能性思维，后者是还原和结构性思维，而中西医结合，首先指的就是两种思维模式的结合，这也是典型的多模型思维。总体上，模型多思维指的是当事人用多种模型去看待不同的事物，而多模型思维则是指当事人综合运用多种模型去看待同一事物，从而得出对事物更为系统和全面的认识。因此，模型多思维不如多模型思维，后者是前者的深化。

数字化工作的知识保鲜期很短。为了提升自己，我们要不断地学习，不仅需要学习层出不穷的新技术，更要善于将现有的技术和信息进行提炼和总结，以培养自己的模型思维能力，甚至是多模型思维能力。

在数字化建设领域，模型思维的应用很多。比如，企业架构模型之于信息化（数字化）规划，业务流程模型之于流程管理和企业资源规划（Enterprise

Resource Planning，ERP），生命周期模型之于企业中产品、客户、供应商、员工、资产等业务对象的管理，成熟度模型之于工业 4.0 和智能制造，等等。从模型思维的角度去看 IT 与业务，去看新技术和新热点，并把各种技术和知识整合在一起，就能纲举目张、继往开来。我们将数字化的方法归纳为五种：解构、转换、建模、表征和统御。建模在其中起着承上启下、承前启后的核心作用，因此，可以说，数字化能力和数字化思维的修炼，根本上是建模能力和模型思维的修炼。

综上所述，数字化的本质形式是"以虚驭实"，数字化的目的是"穷理尽性以至于命"，而数字化的关键则是建模。作为数字化从业人员，需要模型思维，而且是多模型思维，这就需要从业人员学习各种思维模型及其应用背景。

三、模型思维的概念

"模型"一词，在西文中源于拉丁文的 Modulus，意思是尺度、样本、标准等。在《韦氏词典》中，作为名词的 Model 有十四种解释，作为动词的 Model 有五种解释，可见，模型的内涵和外延都极其丰富。[①] 所谓模型法，是通过研究模型来揭示原型（被模拟的对象）的形态、特征和本质的方法。在科学研究、工程设计等领域，模型法都有着广泛的应用。模型源于人们的实践，是对现实世界的抽象和实践活动的深化。人们通过建立模型所达到的高度抽象和统一，反映了人们对客观事物认知的深化，是认知过程中的一次能动的飞跃。理论来自实践，进而又指导新的实践。从模型思维的价值上来讲，模型思维是思维的高级形式，因而，从数据到信息，从信息到知识，从知识到智慧，模型思维都是其主要的思维形式。

四、模型思维的分类

从模型的实现基础来看，模型大体可以分为物质模型和思想模型两类。物质模型是以某种结构、形式或机理相似的模型实体去再现原型，它可以是物理模拟，可以是功能模拟，也可以是数学模拟，等等。常见的物质模型包括地球仪、作战模型、汽车车模、CAD 三维数字模型等。

---

① 丁少华. 建模数字化转型思维 [M]. 北京：机械工业出版社，2022.

在数字化建设工作中，我们研究和使用的主要是思想模型。思想模型不是认识的物质手段，而是事物在人们思想中理想化的模拟和映射。思想模型是人们在头脑中创造出来的，人们主要用它对事物进行分析、推理、演算等思想活动，以实现对事物更全面、更系统、更深入的了解和认知。通常，人们把思想模型展现在纸张或计算机上，用到的构造要素有文字、符号、图表、程序等。

五、模型思维的形式

在本书中，笔者所说的模型，是一个广义的概念，代表的是那些整体性、系统化、形象化的思维和表达形式。从形式上来讲，它们对应的词汇包括系统（System）、架构（Architecture）、框架（Framework）、图形（Diagram）、布局（Layout）、全景（Landscape）、样式（Pattern）、范式（Paradigm）、表卡（Table/Card）、路线（Roadmap/Journey Map）、分类（Classification）、源库（Library）、算法（Algorithm）、方法论（Methodology）、参考模型（Reference Model）等。笔者将这些词汇罗列出来旨在提醒大家对于模型思维的思考模型的形式有许多，如果能灵活或综合运用好它们，将会对我们的工作大有裨益。以下选择几种常见的形式进行论述。

（一）系统

系统是对既相对对立又与外界发生联系的事物的抽象定义。通常，我们可以用 SIPOC 模型来描述系统的构成要素：供应者（Supplier）、输入（Input）、过程（Process）、输出（Output）和消费者（Customer）。

系统之上（外）还有系统，我们将这种系统称为"生态系统"（Ecosystem）或"系统的系统"。通过系统性模型思考，我们可以了解事物的运行机理，并厘清事物的内涵和外延。

（二）架构

架构是事物中逻辑性、功能性或结构性的安排，事物中各部件之间的关系和与外界环境的联系的抽象，以及一系列用于指导事物设计和演变的方法及原则。架构可以理解为对事物系统细节的描述和解剖，以辅助我们更好地理解和掌握事物的变化，或者是有目的地改造事物。

在数字化建设中,架构是一个使用广泛的词语,如企业架构、业务架构、流程架构、应用架构、数据架构、安全架构等。

架构的实际意义在于,一则可以给我们展示事物的内部构成及构成之间的关系,二则可以对事物的内部构成进行解耦。这样,通过内部构成关系的调整或内部构成的重新组合,就可以创造出新的系统,以快速和低成本应对外部的变化和挑战。微服务、中台、汽车产品架构等,都是架构思想指导下的具体实践。

（三）框架

框架指的是基础性结构或结构序列,基于框架可以开发出各种不同范围或用途的架构。框架应包括各种构件（Building Block）,以及构件的组合方式。框架还应包括一系列的工具和通用词汇库。在框架中,各种构件应该是可选,可以根据需要来选择相应的构件。从另外一个角度看,我们也可以将架构与框架作对比,架构更侧重概念和设计,而框架更侧重实施和实现。

从框架到架构,再从架构到系统,是模型思维从一般到特殊,从能力到目的的不断演进。在汽车产品研发体系的演变过程中,从20世纪80年代到21世纪早期,研发重点是基于车型的汽车产品研发,然后是基于平台的汽车产品研发,到最近10年,重点是基于架构的汽车产品研发,而汽车产品架构则是建立在电气、电子、新能源等技术要素组合和应用的基础上。在这里,技术要素及其组合就是类似框架的概念。

（四）坐标

每个事物都有很多不同的特性。有时候,从目的出发或者站在用户的角度来看,这些特性之间是相互冲突的。为了便于决策,我们会采用坐标图的方式来看事物处于哪个位置,以做出趋利避害的决策。典型的坐标式模型思维有波士顿矩阵、SWOT（优势、劣势、机会和威胁）分析、IT项目收益与风险分布图等。另外,我们可以根据事物的复杂程度,将坐标图划分为4象限、9象限、16象限或25象限。

（五）表卡

表卡是通过表格、卡片等形式来展示相关的内容。表卡的典型代表是平衡计分卡（Balanced Card）。平衡计分卡是一种战略管理工具，以表格的方式展示企业分别在财务、客户、内部流程和学习与成长四个维度的战略和目标要求。

（六）图形

在形式特点上，图形式模型思考比较自由，可以根据内容的需要，以相应的图形形式来构思和展示我们的思考成果。常见的图形化思考模型有鱼骨图、波特五力图、软件设计 UML 图、业务流程图等。

（七）路线

路线式思考模型是以时间为轴，来构思和展示事物的发展变化。常见的路线式思考模型有客户旅程地图、IT 建设路线图等。

（八）全景

全景，类似风景图式的思考模型，是事物及其所处环境在某个时间点的镜像（Snapshot）。全景图更多是一种全景化展现，但其所展示的内容之间可能并没有必然的逻辑关系。典型的全景式思考模型有 IT 技术栈等。

第三节　数字化时代的基本概念

一、数字化时代的产品与服务

产品和服务作为创造价值的部分，可以说是商业模式的核心板块，企业的经营活动都是围绕产品和服务展开的。产品和服务是企业与客户沟通的载体，也是企业运营管理的抓手，更是企业综合能力的体现。企业综合能力包括消费者洞察、产品创新能力、建立系统的能力、与用户互动的能力，这些能力在后面的章节中都会有所体现。

也因为这个道理，企业在制定了数字化转型战略之后，首先要考虑的是产品和服务的数字化。在有些行业，数字化可能会导致产品和服务形态的变化，如媒体、教育和娱乐，它们完全颠覆了产品和服务的载体。在另一些行业，产品和服务的设计与生产方式可能会发生很大变化，比如用户会参与设计，做用户分析时

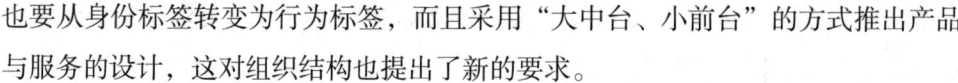

也要从身份标签转变为行为标签,而且采用"大中台、小前台"的方式推出产品与服务的设计,这对组织结构也提出了新的要求。

(一)产品和服务的融合

数字化时代的产品和服务正在融合。要讨论这个话题,首先要定义产品和服务。

所谓产品,就是通过一个有形或者无形的产品来提供价值,这个过程不太依赖人和人的接触。通常我们说产品,指的是那些可以规模化生产、大规模复制的物品,产品包括有形产品和无形产品。有形产品包括书籍、家电、手机等,无形产品包括知识产品和软件等。通常来说,产品可以一次购买、多次使用,而且使用过程中不依赖人和人的接触。

所谓服务,就是通过生产者和消费者的交互提供价值,非常依赖人和人的接触,这个过程本身就能影响消费者的体验。服务通常是一次性的、不可重复的和非标准化的过程。比如,教育、旅游、餐饮都是服务,咨询和培训也是服务,虽然服务最后可能会以产品的形式呈现,但服务过程本身就在创造价值。如咨询的结果可能只是一个报告,但这个结果离不开过程中的咨询环节,而且这个过程的价值很大。

产品和服务的界限正在变得越来越模糊。比如餐饮行业就是一个产品和服务并重的行业,我们去餐厅吃饭,不只是为了享受美味佳肴,也是为了体验用餐服务。很多做产品的企业也越来越强调服务的重要性,比如做生日蛋糕的企业还提供现场展示的服务,给用户提供额外的价值,这叫作"产品服务化"。还有一些本来就是做服务的企业,越来越强调服务的标准化,甚至也会单独销售产品,这叫"服务产品化"。不管是产品还是服务,核心价值都是满足消费者的某种需求。例如,对于自助洗衣服务商来说,由于机器联网了,就不用一直盯着机器了,如果机器损坏,不用打电话就会有师傅上门维修。联网后,机器的利用效率提高了一倍,每天可以洗 8~10 次,营收提高了,服务商也不用收硬币或卖卡了,直接电子收费。对于大学生用户来说,洗衣服不用带卡或者带硬币了,还能提前预约,节省了很多排队等待的时间,获得了更好的体验。海尔也实现了与潜在用户群体建立联系,从卖机器变成了卖服务,以前是"一锤子"卖产品,现在是通过卖服务获得持续的现金流,这个过程中也能培养未来的产品购买者。

产品和服务变得越来越重要，以前 CEO 喜欢谈战略和文化，但现在 CEO 更喜欢谈产品和服务，很多公司的 CEO 都喜欢自称"产品经理"，如乔布斯、马化腾、扎克伯格，他们在产品创新上花了很多时间。这种变化反映的是一种新的趋势。以前外部环境变化没那么快，产品和服务的更新也比较慢，CEO 的首要任务是让运营更加高效，但现在产品和服务快速迭代，产品和服务的品质就成了核心竞争优势，CEO 必须越来越重视产品和服务。

由于产品和服务变得越来越重要，因此管理者必须具备产品思维。

（二）产品设计的产品思维

做产品需要产品思维。《产品思维30讲》主理人梁宁认为，做产品的过程就是一个看到用户、倾听用户、判断用户、与用户建立连接，并且在与用户的交互反馈中迭代和优化的过程。产品思维就是一个人打造产品的思维方式，包括判断信息、抓住要点、整合资源，把自己的价值打包成一个产品向世界交付，并且获得回报。[1]

产品思维包括以下几方面。

第一就是要有同理心，能够发现用户的痛点，找到破局点。有同理心，就是要理解客户的情绪，比如他们会因为什么事情不爽和不满，因为痛点的背后都蕴藏着需求。做产品的过程，就是通过产品来服务人，解决用户的痛点问题，让用户得到满足。只有洞察人性，懂得自己与用户，懂得产品的每个细节给人的满足感、确认感和依赖感，才可能做好产品。

第二是要学会判断机会。做产品往往只有一个切入点，但如何选择这个点呢？要看这个点在一条什么样的线上，这个点在线上处于什么位置，这条线附着在哪个面上，这个面在和谁竞争，它能如何展开。最后还要看这个面处于哪个经济体，这个经济体是在快速崛起还是在沉沦。这样就构成了一个"点、线、面、体"的战略选择。

第三是系统能力。好的产品的背后，是系统能力的建设。

第四是用户体验。用户体验最核心的战略层，主要回答两个问题：（1）我们要通过这个产品得到什么？（2）我们的用户要通过这个产品得到什么，他们为

---

[1] 陈雪频. 一本书读懂数字化转型[M]. 北京：机械工业出版社，2021.

什么会依赖我们？得到这两个问题的答案，我们才能继续做下去。战略层的外延是能力层，也是回答两个问题：（1）我们要做哪些事，具体要提供什么样的确定性。（2）我们不做哪些事，这些事坚决不碰。能力层的外延是资源层，也就是"谁是我们的敌人，谁是我们的朋友"，资源和能力有关，但更与战略相关。资源层外是角色框架层，用于网站是框架，用于人世间是角色。角色框架层外就是感知层，包括一个人的形象气质，以及网页设计的风格等。

一个好的产品经理需要同时具备三种能力：一是具有各种做好产品的招数和套路，如用户画像、痛点和痒点、整体流程图、用户体验地图和服务蓝图；二是微观体感能力，就是能对用户和产品建立细微的体感，能感受到好和最好的差别，从而优化用户体验；三是宏观能力，包括建立点线面体、创新模式的能力。

（三）用设计思维开发产品

在做产品和服务设计时，设计思维（Design Thinking）是常用的方法。设计思维是通过提出有意义的创意和想法，帮助不同专业背景的人通过创新的解决方案解决特别的问题。例如，IDEO是第一家将设计思维应用于解决商业问题的企业，IDEO的创始人戴维·凯利（David Kelley）后来在美国斯坦福大学创建了著名的斯坦福设计学院（D.School），他把设计思维分成五大步骤：

（1）同理心（Empathy）；

（2）需求定义（Define）；

（3）创意构思（Ideate）；

（4）原型实现（Prototype）；

（5）实际测试（Test）。

第一步：同理心。同理心是对他人的情感或情绪感同身受的能力。常用的做法是通过用户访谈或者行为观察进行用户研究，从而了解他们真正关心的东西，我们需要真正了解他们的处境。比如，要帮助老年人更好地融入社会，就要去做很多访谈，倾听他们的故事，同时观察他们平时社交的样子，从而找到一些他们真正在意的要素。人们的思维要从一个点到一个面，开放式地去发现市场中未被满足的需求，去发现各种各样的可能性。

第二步：需求定义。通过访谈和行为观察，可以了解人们在特定活动中实现的实际需求。还是以老年人社交为例，可以通过访谈和行为观察并发现他们的真正需求，比如看上去是他们经常散步，与老朋友喝茶，或者在街角商店购物，但通过研究发现，这些都是他们保持彼此联系的手段，从而找到这些老年人的真实需求。

第三步：创意构思。这一步只关注问题陈述并提出解决问题的想法。重点不在于获得一个完美的想法，而是要想出尽可能多的想法，这个时候的思维需要发散。

第四步：原型实现。这一步首先要花一点时间思考从市场调查中了解到的不同想法。问问自己，自己所提出的想法如何适应人们的实际生活。解决方案可能是一个新想法和已有想法的组合，然后勾勒出最终的解决方案，并建立一个产品原型进行测试。最后，开发模型样品。只有在见到真实的样品后，才有可能进行后期的调整。在互联网时代，我们强调快速地试验，模型样品不求最好但求最快。

美国作家埃里克·莱斯在《精益创业》一书中提出了"最小化可行产品"（Minimum Viable Product，MVP）概念[1]，即用最快的速度和最简洁的方式把新产品开发出来，初期产品可能只是一个界面，也可能只有简单的操作流程，但它的好处是能够直观地被客户感知到，在此基础上才能进行下一步的实践。如果可能，还要给客户提供多个测试品进行对比选择。

第五步：实际测试。这一步是寻找实际用户测试原型。如果人们不喜欢它，不仅要勇于接受意见，更要了解哪些是有效的，哪些是无效的，所以任何反馈都是有效的。然后回到原型，并运用技能重复这个过程，直到拥有一个能够解决实际问题的原型。再把产品投向市场检验测试，优化定型。不断创造、不断测试、不断推倒重来，这是每一个产品设计师熟悉的步骤。实践出真知，这是大家公认的道理，但真正能够做到并能做对的人并不多。

通常，测试速度越快、频率越高，产品成型的速度就越快。一般的互联网产品，一个星期就可以更新测试一次，甚至每天测试一次。工业品虽然达不到这样的测试速度，但测试周期也在缩短。以前做服装，一年一种流行，现在是一个月一种流行，甚至一天变一个样。因此，企业正在不断提升设计研发效率，让产品原型到交付的时间变得越来越短。这样不仅降低了产品的市场预期和结果的落差，而且提高了运营效率和资金运转效率。

---

[1] 埃里克·莱斯.精益创业[M].北京：中信出版社，2012.

综上所述，设计思维需要交替使用左脑和右脑。在设计思维的第一步"同理心"中，设计者需要调动右脑思维去感受。在设计思维的第二步"需求定义"中，设计者需要调动左脑思维去分析，从多种可能性中找到一种可能性。在设计思维的第三步"创意构思"中，设计者又需要调动右脑思维，做出具有创新性的概念样品。在设计思维的第四步"原型实现"和第五步"实际测试"中，设计者又需要调动左脑思维，不断找出问题并优化细节。只有交替调动左脑和右脑，才可能做出更符合市场需求的产品，提高创新成功的概率。如果只用右脑思维，做出来的产品很可能天马行空，不接地气；如果只用左脑思维，就会受到许多条条框框的限制，打不开思路。

运用设计思维，是为了让产品更贴近消费者。我们首先要深入了解市场，寻求那些未被满足的消费需求，看到机会时需要创新想法，运用右脑思考各种可能性和市场需求。其次结合公司的主要战略以及公司的能力，选择某个可以做好的产品，这就是聚焦的过程。走到这一步，产品创新还只是一个设想，设想可能是对的，也可能是错的。所以，我们需要推出一款或多款初级产品，反复测试、搜集意见、优化改良。最后根据众多的产品意见反馈敲定最好的几种，成为相对标准化的产品。

（四）让产品像游戏一样有吸引力

埃米·乔·金在《产品游戏化》里介绍了用游戏的思路做产品的五个步骤，和上一节提到的设计思维的五个步骤非常像，分别是设想、共情、设计、试玩和验证。[①]

第一步是设想，或者说对设想进行试验。其中主要用到的工具是最小可行性产品画布，找到一个较小的早期市场，在较少的一群人当中试验想法。这群人需要我们提供的产品，并且他们在满足自身需求时能够承担产品所带来的成本，还要忍受产品中存在的荒谬、搞笑的错误。我们可以根据较小的早期市场的反馈不断地改进和迭代产品，然后逐步推向更大的市场。

第二步是共情。共情的意思是，我们的目标得瞄准特定人群，理解特定人群的需求，与他们建立感情。与特定人群建立共情需要经历三个环节：首先，找到

---

① 埃米·乔·金. 产品游戏化[M]. 北京：中信出版社，2019.

产品的超级粉丝,发现用户的相关习惯和需求,对用户使用产品进行场景描述。超级粉丝指的是那些高需求和高价值的早期用户,这些用户喜欢尝鲜,是最早使用产品的用户。其次,找到了超级粉丝,接下来,我们可以通过问卷调查、面谈等方式了解这些超级粉丝的习惯和需求。最后将用户的意见写成场景描述。一旦我们抓住了场景,其实也就等于帮助用户建立了认知。

第三步是设计。怎样设计一款让用户上瘾的产品呢?答案是让用户升级,也就是让用户通过我们的产品更加擅长做他们希望擅长的事。比如,要打造一个学习型产品,首先在产品中设计一个可重复的、愉悦的活动,使用户养成使用产品的习惯。其次建立驱动学习和打造技能的反馈机制,让用户觉得自己使用产品次数越多能力提升越大。最后通过再次使用产品时的触发事件,如获得勋章,使用户的黏性进一步提升。

第四步是试玩。通过前面三步已经可以设计出最小可行性产品,接下来通过让用户玩来验证这个最小可行性产品。在这个过程中真实地记录用户试玩产品的体验,不要纠正他们的习惯,任由他们自由表达。

第五步是验证。试玩结束后,我们根据用户的反馈,调整、修正产品的策略。最终,根据"游戏化思维路线图"制定出不同阶段的战略重点。

在设计产品时,首先找到超级粉丝,并且把他们发动起来,以此为基础进行扩张;其次运用学习闭环从内到外打造,测试产品的体验感;最后制作最小可行性产品,不停地试玩和验证,不断迭代,直到最后形成爆款产品。

(五)让用户参与产品的设计

以前企业做产品,往往是先做市场调研,或者研究市面上的畅销产品,针对假定的目标消费者去设计产品,然后把产品生产出来,最后做大规模的分销。在这个过程中,企业主导了产品的设计和研发。消费者的参与非常有限,对产品设计的影响比较小。

随着互联网的普及,消费者对产品设计的参与程度越来越深,甚至产品的功能设计需求就是由消费者提出来的。比如本章末的案例中提到的小米手机,其很多系统的功能都是用户提出来的,再通过工程师呈现出来,然后听取用户的反馈,再不断优化。用户参与产品的设计也会获得很大的成就感,且很可能在未来成为品牌的传播者。

随着产业互联网的深化，一些传统行业的产品设计也会变得更加开放，消费者的参与度会更高，对品牌的忠诚度也会更高。当用户参与了一个产品的设计时，他们对这个产品的感情则是一个纯粹的消费者无法理解的，这也是未来消费者和生产者会出现合流的趋势：由目标用户定义产品的特点，企业和他们共创产品，同时用户也会成为品牌的传播者。

这种趋势的背后也是从 B2C 到 C2B，乃至 C2M 的变化。B2C 就是企业把商品卖给消费者，他们之间是简单的买卖关系。C2B 则是让消费者部分参与产品的设计和开发。那些 C2B 的平台未必拥有工厂，它们先收集消费者的个性化需求，然后把信息反馈给生产商，以实现大规模定制。C2M 则更进一步，厂商直接和用户对接，因此供应链更加敏捷。

以家具为例。以前的家具要么是标准品要么是定制品：标准品的问题是尺寸未必合适，而且缺少个性化；定制品的问题是价格比较高，质量也不稳定。尚品宅配企业先是收集消费者需求，如家具的材料、颜色、尺寸和款式等，然后向工厂下单大规模生产。这样做有两个好处：一是产品更符合消费者的个性化需求，消费者满意度更高，愿意付更高的价格；二是个性化需求背后是通用的模块组装，工厂接单后能够大规模生产，这样可以控制生产成本。

可以说，尚品宅配的 C2B 模式是从 B2C 到 C2M 的一个过渡期。未来，企业工厂可以直接建立与消费者联系的终端，由消费者输入自己的需要，然后在生产端完成个性化生产。比如西装定制企业酷特智能就在做类似的事情，它通过量体师收集用户的服装尺寸、款式和布料信息，然后直接向工厂下单，工厂收到订单后进行大规模生产。这样企业基本可以实现零库存，而且是先收款后生产，企业的现金流压力比传统服装企业小得多。

（六）用行为标签替代身份标签

以前公司做产品开发，喜欢做"用户画像"，这些用户画像往往由一个个身份标签（label）组成，如性别、年龄、学历、居住地、收入和爱好。通过这些身份标签，我们可以综合判断目标用户是什么样子，住在一、二线城市还是住在县城或农村，属于精英阶层还是草根阶层，然后根据这些标签推送相应的产品。

这种身份标签的分类方式其实和我们的生活经验有些差异。比如，同事之间的身份标签可能很接近，但消费习惯相差悬殊。同样一个商品，有些人可能非常喜欢，有些人则完全无感。因此，基于身份标签做客户细分的方式在很多场景中已经过时了。

在数字化时代，身份标签正在让位于行为标签（tag）。用户在互联网上每一次点击都会留下相应的记录和标签。比如，用户搜索了"脱发"这一关键词或者打开了一个有关脱发的网页，就说明其可能正在面临脱发的困扰，这个困扰是一个现实的痛点，与用户的学历、收入、居住地关系不大。然后，用户就被贴上一个"脱发"的标签，下次用户打开网页时就会收到有关脱发的文章和商品推荐，这样的传播精准度要高很多。

在使用互联网时，用户购买任何一件产品，浏览任何一条新闻，都可能被贴上一个小标签，随着用户的浏览和购买行为越来越多，这些标签就会越来越多。当用户被贴上了几百个这样的小标签时，人工智能技术就能够用这些小标签逐渐地合成一个形象。

同样是标签，基于行为的tag的丰富度要远高于基于身份的label，同时它又是动态变化的。比如，人们在刚开始和一个人打交道的时候，可能更看重他的身份标签，如他的出生地、学历、家庭背景和长相等，但身份标签往往带有一些成见。随着和对方接触得越来越深入，人们可能会更关注对方做了什么，也就是他的行为标签，因此对于对方的了解也会越来越准确。

字节跳动旗下的今日头条有一句口号——"你关心的，才是头条"，很多人看今日头条会上瘾，因为他们觉得今日头条很懂他，总是能推荐他喜欢的东西，背后的原理就是基于tag的推荐。字节跳动的创始人张一鸣发现，一个看上去很"精英"的人和一个看上去"草根"的人，他们的阅读偏好很可能差不多，因此不要根据用户的身份推荐内容，而是根据用户的阅读历史推荐他可能喜欢的内容，这样会强化他的阅读偏好。

综上所述，在数字化时代，企业在设计和开发产品与服务的时候，不仅产品和服务的形态在变化，企业和用户之间的关系在变化，企业的运营流程和组织形态也在变化，这些变化需要企业对消费者有不同于以往的洞察力，以及对企业运营管理的整体思考能力。

二、数字化时代的营销与渠道

前文介绍了产品和服务的数字化转型,提到产品和服务设计最重要的是消费者行为分析,最好能让他们参与产品和服务的设计,这时消费者就不再是单纯的消费者,而是产品和服务的共同创造者。随着社交媒体和社交电商的发展,消费者会在购买和使用产品后,主动传播使用产品的感受,甚至成为分销渠道的一部分,这些都与营销和渠道有关。

由此可见,产品和服务与营销和渠道有很多交集。好的产品和服务在设计的时候就要考虑消费者的需求,而且要把消费者发展成传播者甚至渠道,这个趋势在社交媒体时代更加明显。换个角度来看,营销和渠道也首先要洞察消费者需求,从而设计出合适的产品和服务去满足他们的需求,产品和服务是企业和消费者沟通的载体,也是市场营销的一部分。

在各个行业中,数字化对媒体行业和零售行业的影响是最早的,也是最具颠覆性的。由于媒体是营销的主要载体,零售是渠道的主要载体,因此媒体和零售的剧变也必然带来营销和渠道的剧变。数字化时代最先影响的就是营销和渠道,营销和渠道数字化转型的案例也最丰富,因此我们有必要对于营销和渠道进行分析和研究。

(一)新媒体对消费者的影响

在过去的时间里,我们看到各种媒体形态发生了翻天覆地的变化。例如,在几十年以前,媒体的主要形式还是报纸、杂志、电视和广播,读者和观众通常只能被动地接收信息。

但随着互联网尤其是社交媒体的兴起,媒体的进入门槛被大大降低了。从理论上来说,现在每个人都可以拥有自己的媒体,比如微信、博客、抖音、快手,还有各种直播平台。在互联网和社交媒体兴起的年代,人们正在以前所未有的方式书写和表达自我、寻找受众,这在各种社交媒体和直播平台上都能看到。传统媒体也在受这些新媒体的影响。

在新媒体时代,个体可以更为自由地通过网络获取一个产品的信息,也可以通过网络发表对这个产品的评价。人们可能往往更倾向于相信使用者对产品的评价,而不是广告宣称的。

与此同时，产品和媒体之间的界限也在日益模糊。一些娱乐产品，如网络游戏，本身既是产品也是媒体。除此之外，一些企业开始设立网络社群，让一群具有共同爱好的人在一起交流，非常典型例子的就是小米，"米粉"会对产品提意见，他们也是小米的品牌传播者。

所谓的新媒体不是一种新的媒体形态，而是一种新的媒体法则。新的媒体法则强调个性化、开放性、趣味性、互动性和快捷性，在新媒体时代，消费者也可以是生产者。所谓的新媒体并不是对传统媒体的一种颠覆，它不过是媒体规则的变化，因此新的媒体法则也适用于报纸、杂志、电视和广播这样的传统媒体。

（二）新媒体对营销的影响

新媒体改变了人们的沟通方式，也给营销带来了更多的可能性，改变了营销法则。我们经常能看到这样的现象，一些公司在传统媒体上投入了大量的广告费，却没有取得好的效果，另一些公司在抖音、快手、直播平台上只投入了很少的费用，就获得了很好的知名度。为什么会有这样的不同呢？我们来分析一下传统的营销流程。传统的营销流程一般是这样：首先，选择一些具有广泛影响力的媒体发布广告，获得品牌知晓度；其次，做一些大型活动成功推出产品，安排媒体采访，建立销售网络；最后，进入实际的销售过程，将产品通过分销渠道交付到客户手中，为客户提供售后支持和服务。

在这个过程中，厂家通常控制了营销的全部过程。这样做确实大大降低了营销的风险，但是由于缺少消费者的参与，他们往往只是被动地接受这一切，因此对这样的品牌忠诚度普遍不高。但在一些互联网公司中，消费者使用其服务的过程就是消费者参与交流的过程，因此能大大提高客户的满意度。

再以公关为例，传统的公关方式是由一些品牌专家和公关专家辛辛苦苦为公司设计一个精致的公众形象，然后由公司的首席执行官对外发布出去。这种做法很完美，但往往忽视了沟通的关键之处：真正的沟通不是自言自语，而是你来我往的交流。当今公司和消费者之间的互动现在已经成为可能，而且越来越符合人们的期望。

很多人担心这样做会有信息失控的风险，实则不然。一家公司请消费者说出他们自己的看法、体验和选择时，往往能获得一箭双雕的效果：既能获得市场情报，又能赢得客户的信任。通过与客户交流，公司可以了解到那些他们没有想到

企业数字化转型理论与实践研究

的问题,从而防止这些问题变成真正的麻烦,而且这个过程通常还可以赢得客户的信任。

这样做虽然使营销过程变得更加复杂,但也提高了营销的效果。让客户参与营销宣传活动,请客户说出自己的想法并提出问题,同时给他们一定的空间来发言,这种做法能够使观众对公司更加信赖和忠诚,其作用甚至超过炫目的广告。一些公司甚至故意向客户袒露自己的弱点,以此来赢得客户的信任。

有时,与其为公司设计一个精致的公众形象,不如在公司内部找一个真诚的人来代表公司——这个人可以是公司的 CEO,也可以是公司的一线员工。一些大公司甚至通过员工的形象对外宣传自己,这对于大公司来说尤为有意义。

一些公司开辟了自己的媒体空间,采用真实的人开展真实的对话,再加上真实的内容,让受众觉得有趣、好玩、富有魅力,而这些空间也借此成为一个事实上的媒体。耐克利用一些制作精美、滑稽逗趣的视频短片树立一种生活方式,这样的视频短片往往能获得许多网站的转载,而且不用向它们付费。

还有一些公司将更多的预算投入那些目标定位明确的"一对一"媒体,如互联网和移动设备。这些精准营销的媒体往往能比传统的电视和报纸等媒体更加精准地找到公司的目标消费群体,而且能够真正融入他们的生活,和他们亲密接触,提高了营销的效果,而且这种营销效果是可以用一些客观标准衡量的。

最重要的是,一旦公司有了什么想法,要立即去实践,不要等到想法已经很完美了再拿出来。比如,越来越多的互联网公司把那些不算完美的东西拿出来,让大家对其进行评论,然后根据市场的反馈迅速做出修正,使其在这个过程中得到改善。从概念上说,公司是开放的,不仅让用户发表意见,还邀请他们设计产品。

(三)电子商务的新模式

电子商务也在经历模式的变化,也能反映营销和渠道的变迁。以阿里巴巴为例,它最早的业务模式是 B2B,也就是对接中国的供应商和全球的买家,阿里巴巴提供信息对接服务。2003 年,淘宝开拓了 C2C 模式,对标 eBay 和易趣,也就是帮助个体商家把产品卖给消费者。由于小商家在淘宝上开店是免费的,而 eBay 和易趣是收费的,因此淘宝很快就吸引了上百万小商家进驻,并导致了 eBay 和易趣的失败。

进驻淘宝的门槛很低，当上百万个体商家进驻淘宝后，它们本以为能对接全球的消费者，但它们很快发现自己被淹没了，完全不像它们想象的样子。为了能够在海量的商家中凸显出来，它们需要购买广告位来获得流量，淘宝主要靠向商家卖广告导流来盈利，这就是C2C的主要盈利模式。淘宝后来也为商家提供很多免费服务，但盈利模式没有大的变化。

随着越来越多的大商家进驻，淘宝成为C2C和B2C混合模式。但大商家需要有更好的服务，于是淘宝把B2C模式分离出来，成立了淘宝商城，后来改名为天猫。天猫对进驻的商家要求比较高，这样就规避了以往给用户的"山寨"的感觉，提升了平台的品牌形象。天猫除了收取广告费之外，也通过抽成的方式盈利，这种模式让平台和商家形成利益共同体。

同样是B2C，京东和天猫不一样。早期京东扮演的是商家而非平台的角色，而且自建物流体系，这样做的好处是确保了产品的品质，以及物流速度，因此用户的购物体验较好。后来，京东利用自己的流量和物流优势做平台服务，允许第三方商家进驻平台。现在京东的收入包括两部分：一部分是自营商品的销售收入，另一部分是平台业务的服务费。

除了阿里巴巴和京东之外，还有一些细分领域的电商，如当当、唯品会、本来生活、易果生鲜、叮咚买菜等，但它们的商业模式还是典型的B2C模式，只是在某个细分领域深耕而已。真正构成模式差异的电子商务是后来发展起来的C2B和C2M，比如拼多多、必要和酷特智能，以及社交电商兴起后的S2b2c模式，如云集和爱库存。

如果说B2C模式帮助商家降低了营销成本，那么C2B和C2M模式则完全改变了零售的商业模式，因为它们真正做到了从消费者需求出发，并利用消费数据整合供应商的生产能力。对于消费者而言，由于他们可以直接从厂家拿货，因此价格往往比零售渠道便宜很多。对于商家而言，它们可以更加精准地安排生产和定价，降低了库存的风险。

（四）数字化融合线上和线下

从零售行业和电子商务的变迁历史可以看出，数字化对渠道的影响开始于电子商务的兴起，但随着新零售的兴起，线上和线下渠道开始融合，未来严格意义的电子商务将不复存在。

在电子商务刚刚兴起的时候，最早尝鲜的企业"收割"了一波红利。当时，电子商务刚开始兴起，平均获客成本很低，再加上没有租金成本，有些企业还不用交税，与一些传统的线下门店相比有碾压性的成本优势，销售价格自然低得多。电子商务对线下实体店可谓降维打击，这让人们看到了传统零售行业的弊端，如运营效率低、运营成本高等。

电子商务刚开始兴起的时候，很多企业在自己的官网上开通一个电子商务频道，但后来发现基本没用。因为没有流量导入，再漂亮的网页设计也像是建在沙漠里的别墅，很难转化为实际交易。后来它们开始与第三方电商平台合作，商家负责产品和运营，

第三方电商平台负责营销，这样双方可以发挥各自的优势，形成双赢的商业生态。

随着时间的推移，越来越多的商家看到电子商务的好处，纷纷进驻淘宝和天猫，而且做各种广告来吸引客户。由于竞争越来越激烈，这些商家在电子商务上的获客成本变得越来越高，以至于需要不断地寻找新的流量红利，如短视频和直播带货。这也是一个基本的商业规律，每波红利都会吸引更多商家加入，直到红利逐渐消失。

电子商务的兴起也在倒逼线下实体店的成长。线下实体店发现，要对抗电子商务的冲击，它们不得不放弃传统的高毛利策略，转而采用低毛利的策略，这就需要它们降低运营成本，因为只有这样才能盈利。随着线下实体店不断提升运营效率，再加上电子商务的营销成本不断上升，线上和线下的价格"剪刀差"开始慢慢变小，线上的价格优势渐渐消失。

这个时候，电子商务和实体店开始融合，从而没有严格意义上的线上线下之分。零售不只是卖东西，还收集用户信息，往后整合价值链中的各个环节，包括上游环节的产品设计、研发、生产、物流等，从而让这个价值链变得更有效率。

以手机行业的渠道为例。在功能机时代，大多数手机都是通过第三方渠道销售的，包括中国移动和中国电信这样的运营商，类似迪信通这样的专业手机销售连锁企业以及国美、苏宁、京东这样的综合 3C 店，厂商自建品牌专卖店的情况很少，厂家和消费者不直接接触。

现在消费者对于线上渠道和线下渠道的选择没有那么重要，或许会偏重某一

方面，但两者并存的状态会持续下去。一些非标的产品，如服务，在拓展线上渠道的同时，还是会继续在线下耕耘。教育培训业的变化也很明显，在线上，消费者可以通过购买视频录播、视频直播、音频等产品完成学习；在线下，各种培训班、论坛、沙龙仍然在如火如荼地举行。

现在，随着社交媒体的发展，以及在线支付的普及，营销和渠道的界限也越来越模糊。比如，用户在抖音或者快手上看直播，看到一个不错的产品，便可以随时下单购买，这个时候抖音和快手既是营销平台，也是销售渠道。这就帮助商家解决了一个长期的问题：广告费花出去了，但只能间接带来销售收入，营销的效果不是那么容易精准衡量。现在营销和渠道合二为一，它们可以通过营销的投入直接获得收入，这样就更容易做决策。

三、数字化时代的组织与人才

组织管理主要是处理好四种关系：一是组织与环境的关系；二是组织与战略的关系；三是组织与个人的关系；四是个人与目标的关系。在数字化时代，这四种关系都在被重塑。组织的外部环境影响组织的形态；组织和战略之间会相互影响，不仅战略会影响组织，组织也会影响战略；组织和个人的关系也在变化，组织必须在个人目标和组织目标之间达成平衡。

如今各种数字技术都在重塑组织。比如，数字化让组织之间的交易成本降低了，组织不必像以前那样追求规模，现在灵活和敏捷比规模更重要，组织变得小规模化。数字化让组织内部的沟通成本降低了，组织从传统的金字塔结构向扁平的网状结构调整，使组织变得扁平化。数字化促使越来越多的协同平台出现，也让自由职业者和临时用工成为新的用工形式，让组织变得无边界。数字化让大家可以远程办公，因此数字化协同平台开始成为主流。

（一）组织要顺应环境变化而转型

要判断数字化时代组织变革的趋势，最好先分析组织演进的历史，从历史上看未来能获得更好的观察视野。

人类进入文明社会以来，一直存在着各种各样的组织，如国家、家族、教会、学校、作坊等。我们通常说的公司都是股份制公司，这种组织形态出现得比较晚，全球第一家股份制公司是荷兰东印度公司，它于1602年在荷兰阿姆斯特丹诞生。现在股份制公司已经成了企业的主流形态，合伙制企业、个人独资企业和事业单位都不算严格意义上的公司。

为什么会有企业这种组织出现呢？诺贝尔经济学奖获得者罗纳德·科斯（Ronald H.Coase）在《企业的性质》这篇文章中回答了这个问题。有学者认为，市场交易是有成本的，通过形成企业这样的组织，并允许某个权威（通常是企业家和管理者）来支配资源，能节约市场交易成本。企业能让个体员工的联系更加紧密，协作效率要比在市场上更高，能够完成个人无法完成的目标，这也是企业存在的价值。

既然企业有那么多好处，那企业是不是规模越大越好，甚至越大越安全呢？当然不是，企业的运行也需要管理成本，企业规模越大，管理成本就越高。当管理成本高于内部协作产生的收益时，企业便无法取得经济效益，因此组织的规模也是有边界的。当外部环境发生变化以后，很多企业会因为无法顺应外部环境的变化而开始老化，甚至被淘汰出局。

自从有企业这种组织以来，企业就在面临不断的演进和转型，其中绝大多数企业最后都被淘汰了。那么为什么会这样呢？正如每一次气候变化之后，都会有一大批物种消失。企业作为一种社会物种也是如此，当外部环境变化以后，企业必须做出相应的变化才能生存下来，企业必须随时应变、不断转型，这样才能幸存。

以前由于企业的外部环境变化不大，技术革新的速度也没那么快，因此行业和企业的生命周期都比较长，也由此诞生了很多历史超过百年的家族企业。但技术革命加速了企业变革和转型的速度，也使行业和企业的生命周期越来越短。

（二）企业的组织形态与员工结构

如果把商业看成一个生态系统，那么各种组织就是这个生态系统里的不同物种。确实，很多管理理念都有生态学的影子，如适者生存、共生策略等，用生态学的一些理念去理解组织形态的变化，更容易看到组织的变化逻辑和趋势。

在商业这个生态体系里，一方面，行业之间的界限消失，使边界分明的商业让位于新商业，新的"生物体"大量地产生、繁衍，生存在世界的各个角落。各个公司在一些行业的交叉领域进行竞争，使用完全不同的商业模式，彻底改变了公司的竞争环境。另一方面，这些"生物体"也在不断演化，一些曾经的"巨无霸"组织像恐龙一样毁灭，另一些组织则从小鱼变成了鲸鱼。

麦肯锡归纳总结了未来组织的形态，分别是"鲸鱼、布谷鸟和益生菌"。其中鲸鱼是指那些依靠平台效应、具备规模优势的巨型公司，它们动作迟缓，但规模就是最大的优势。布谷鸟是指那些作为其他公司的职能部分而存在的公司，如快递公司、软件公司、咨询公司等。益生菌是指那些瞄准利基市场的小公司，这里面大多是一些创业型公司，或者各个领域的隐形冠军，但如果条件成熟，它们也能迅速长成鲸鱼，并且这个时间越来越短。[1]

鲸鱼：鲸鱼是世界上最大的哺乳类动物。它们体形庞大、智力超群，不过数量十分有限，而且容易在沙滩上搁浅。在过去十年中，全球最大的150家机构的市场资本总额递增了三倍之多，规模效应非常明显。鲸鱼面临的最大挑战来自它们本身的成功，就像在哺乳动物的世界中，鲸鱼的搁浅率比较高一样，"巨无霸"的企业也会随着环境的变化面临系统风险。

布谷鸟：布谷鸟从不亲自哺育雏鸟。它们把蛋生在其他鸟类的巢里后便一走了之，让其他鸟照料它的后代。作为一个生物体，布谷鸟发现，最佳的生存之道不是独自生活，而是参与其他物种的生活。布谷鸟公司作为其他公司的职能部分存在，与别的公司和平共处、互惠互利，形成共生关系。随着价值链的整合，它们会成为这个领域的领导者。

益生菌：益生菌体积微小，适应能力极强，只要有机会就会繁衍兴旺起来。它们有特殊的功能：保护视力、消化食物、保持健康。公司世界里的"益生菌"起着同样的作用，它们提供公司需要但缺乏的专业技能。它们也是商业创意的重要来源。近年来，大型医药公司经常向小型生物技术公司和大学实验室采购研发成果。很多高科技公司旁边都有很多类似的小型公司，它们为大公司提供创意和技术，大公司负责产品的生产和营销。

随着互联网的出现，各种社交媒体和协作平台也相继涌现。这种协作平台相当于一种新型的组织形态，它让个体不再依赖一家公司就可以向成百上千的客户提供服务。这种趋势产生了两个新"物种"：一是社交媒体和协作平台，二是大量的自由职业者。

---

[1] 陈雪频.一本书读懂数字化转型[M].北京：机械工业出版社，2021.

企业数字化转型理论与实践研究

与此同时，公司这种组织形态也在发生某种变化。由于市场交易的成本降低了，为了平衡管理成本和维持灵活性，公司也不需要那么大的规模了，而是专注于自己的核心业务，将非核心业务外包出去。这也是我们经常说的组织再造、无边界组织等趋势的背后原因。

同时公司内部还出现了一些自组织，它们是在没有外部指令的条件下，系统内部各子系统自行按照某种规则形成的一定结构或功能的组织。天空中的鸟群和海洋中的鱼群是自组织，无领导小组工作方式、鼓励公司内部创业等也都是自组织的运用。

组织本身正在变得无边界。以前组织的边界是非常明确的，以公司是否和员工签署长期雇用合同为组织边界的判断标准。但现在越来越多的公司开始采用灵活用工的方式，员工往往是临时派遣过来的，与公司是短期合作关系。这个时候，组织的边界就变得模糊了。

在组织结构形态上，组织在从传统的金字塔形组织向混合型组织，再向敏捷的网状组织演进。这种扁平的网状组织结构可以随着外部环境和内部任务的变化而变化，这样可以让大公司保持小公司的敏捷程度，适应外部环境的快速变化。

（三）通过"内部创业"推动组织转型

对员工而言，内部创业也非常有吸引力。一些想要创业的员工能够借助大公司的资源和资金，带着一线团队做内部创业，而且有些团队最终能获得成功。一方面，这些内部创业的员工能获得更大的满足感和收益；另一方面，企业能激发员工的活力，并留住这些优秀员工。

从理论上来说，虽然随着企业的外部交易成本越来越低，企业可以做到越来越小，但大公司依然有资源和规模的优势，因此内部创业的本质是"大平台＋小前端"。大平台有资源优势和规模优势，小前端可以减少管理成本，也就更加动态灵活且适应环境，也能以客户为中心。看上去，内部创业是一个完美的解决方案，但在实践中，内部创业有成功也有失败，出现这种情况的原因，简单来说，有以下三个。

一是内部创业需要的企业家精神是绝对的稀缺资源，但是社会上的创业人才相对较少，公司内部有能力又有意愿创业的人可能更少，而创业成功的人更是少上加少，这样层层筛选下来，内部创业成功的概率就非常小了。偶尔有少数成功案例，企业对其大肆宣传，使很多人把偶然当成必然，从而消耗了组织大量的有效资源。

二是有些企业所在的行业和商业模式并不支持内部创业。在实践中，一些企业自身的实际情况如果内部创业可能会导致内部资源的消耗，反而让企业无法做到足够聚焦。

三是有些公司的制度和文化不支持内部创业。很多公司的内部创业都是"伪创业"，只是把原来的一线团队改个名字而已。公司总部的平台价值不够，内部创业小组在需要资源支持的时候，还是要向上级层层申报审批，结果未必能得到支持。在这种官僚体系作风和本位主义文化下，前端再怎么说自己"自驱动"也驱动不起来。

内部创业还是比较适合那些对技术创新要求不高的行业，如服装和餐饮，因为它们可以共享后台的资源，前台则可以大规模复制现有团队。比如，某服装品牌著名的"三人小组制"可以看作可以复制的组织形式，虽然服装款式的设计需要一定创新，但是创新难度不大，而且小组的运营管理是可以复制的，所以组织也有很强的拓展性，组织拓展相对容易成功。

总之，要推动企业的数字化转型，在组织管理方面要处理好四种关系：一是组织与环境的关系；二是组织与战略的关系；三是组织与个人的关系；四是个人与目标的关系。为了推动组织变革，内部创业逻辑上可行，但实践中会遇到很多问题，不同行业和企业应该根据自己的情况做出选择。

四、数字化时代的管理与人才培养

数字化时代的组织和管理息息相关，组织转型必然带来管理变革。在工业化时代，管理的主要职能是计划、组织、指挥、协调和控制，但在数字化时代，在面临知识工作者时，指挥和控制就没那么好用了。数字化时代的管理者不需要发号施令，而是要以身作则，让团队成员主动追随，管理上也要转换角色，从指挥变为教练，从控制变为赋能。

数字化时代的管理也不再像以前那样强调自上而下的管理，各种自组织和自管理开始成为潮流。企业还需要重新调整制度和流程，让管理更好地对它们赋能，考核方法也要从自上而下的关键绩效指标法（KPI）向自下而上的目标与关键成果法（OKR）调整。总的来说，就是不要为了管理去管理，而要让管理为业务服务，为人服务，让管理激活组织、激活个体，营造鼓励创新的企业文化。

（一）从控制到赋能的转变

任何一个有创造力的个体，都不愿意被组织束缚，他们更多是想找到一个能够激发他们个人潜能的平台。平台的角色和功能也从控制者变成赋能者，这使对管理者的要求发生了新的变化，他们必须改变原来的管理方式。

数字化时代的管理者必须把自己调整为赋能者，成为帮助员工更好地发挥潜能的教练。他们也要考虑年青一代的思维方式和价值观念，努力为他们创造一个能发挥潜能的地方，而且让企业文化变得更加有趣。有些网络游戏公司采用游戏的方式做项目管理和绩效考核，并取得了不错的效果，这也塑造了这个企业的组织文化。

赋能有两层意思：一层是赋予能力，旨在通过认知、技能、态度的改变，最大限度地发挥个人的能力；另一层是激发潜能，也就是组织创造一个环境，激发每个人的能量和潜能，让组织里的每个人都能有更好的表现。

那么为什么要从控制到赋能呢？主要有以下三个原因。

一是外部环境快速变化。管理者已经不再像以前一样，只需要在上面发号施令，下面的人执行到位就可以了。在现如今的环境背景下，很多信息都不掌握在管理者手中，而是掌握在第一线的员工手中。因此，便要求每个个体在面对复杂的环境时，独立做出相应的决策，而这就需要给他们赋能。

二是工作性质的变化。随着人工智能的发展，越来越多的重复性工作将被人工智能替代，但那些需要创造精神、以人际关系为导向的职位会保留下来，如大学教授、建筑设计师、心理咨询师等，这些属于典型的专家型的工作。这时专家权力要远大于管理权力，因此管理者发号施令是没用的，他们要做的事情是服务好专家，为他们赋能。

三是从分工到协同的转变。流水线的工作强调分工，因此管理者的主要工作是计划、组织和控制，但如今更强调协同，而且不只是组织内部的协同，还有组织内外的协同，这个时候对管理者的要求也就不一样了。管理者的主要工作也就变成了协调和赋能，让每个个体的效能总体最大化。

数字化时代对制度和流程也提出了新的要求。比如，数字化时代的公司往往会简化制度,而且一切都以客户和绩效为导向,流程也尽可能通过一些线上工具进行简化和自动化,这样的话,尽可能让管理变成为员工赋能,而不是去控制他们。管理的本质就是激发每个人的善意和潜能,这也是对未来的制度和流程的新要求。

传统管理的核心要义是控制风险,为此很多跨国公司设置了非常详尽的制度和流程,尽可能减少人事变动对整个公司的影响。但过于严格的制度和流程也会遏制企业的创新活力,为了激活企业的活力,企业需要有意地简化制度和流程,把工作重心放在客户和创新上。管理不是为了控制别人,而是为了激发个体的善意和潜能,为了更好地为他人赋能。

(二)数字化时代的人才培养

数字化颠覆了很多行业,影响最大的行业除了传媒和零售业之外,就是教育和培训业了。以培训业为例,所有培训师都必须面对这个问题:传统的传授理论、技能等的线下培训市场正在急剧萎缩,他们都在谋求数字化转型,但往往不知道方向在哪里。

随着互联网的普及,许多知识和模型很容易从网上获得,很多人都喜欢在网上找这些东西,虽然质量参差不齐,但毕竟是免费的。要做业务管理者的好伙伴(这也是当前流行的人力资源业务合作伙伴的概念),培训管理者需要同时具备两种视角:一种是由内而外的视角,另一种是由外而内的视角。所谓由内而外的视角就是"专业视角",是从专业角度去看待问题,这需要有很深的专业功底,包括熟悉各种模型、工具和课程。所谓由外而内的视角就是"客户视角",就是要理解并满足业务管理者的需求,知道什么时候采用什么模型、工具和课程去解决业务上的问题,这才是真正的智慧。

很多培训管理者都不具备这两种视角。首先,很多培训管理者的专业知识不够,他们在参加了某项认证之后就以为自己是这方面的专家了,其实大多数认证只是专业能力的入门水平。其次,他们很容易陷入"大师崇拜"的陷阱,以为某位大师的理论在任何情况下都适用,甚至陷入各种理论的流派之争。最后,他们对业务的本质缺乏洞察力,也缺乏真正帮客户解决问题的能力,这导致他们也不知道如何利用专业去达成业务目标,从而得不到业务管理者的认同。

人力资源从业者大多对能力素质模型耳熟能详,但他们首先要做的,就是给自己做一个能力素质模型，看看自己能否满足企业发展的需求。现在各种新概念、新工具和新模型随处可见，但价值理论永不过时，为客户创造价值永远是公司和个人存在的目的。同样，每个培训管理者都应该经常反思一个问题："我为公司和同事创造了什么价值？"

　　因此，培训一定要结合企业的目标和问题，发动企业的管理层，群策群力、团队学习，才能真正解决企业的实际问题。培训师也必须同时发挥顾问、教练和引导师的角色，结合企业内部高管对企业和行业的经验与理解，才能真正解决企业的问题，帮助管理层成长。

第二章 企业数字化转型的理论基础

本章的主要内容是企业数字化转型的理论基础,分别从四个方面进行相关论述,依次是企业数字化转型的风险、企业数字化转型的动力、企业数字化转型的模式、企业数字化转型的技术。

第一节 企业数字化转型的风险

纵观世界各国企业数字化转型的案例,能够达到预期目的的,在总量中占比不高。究其原因,除了企业数字化转型概念模糊、评估体系错位等,还有很多需要特别关注的影响因素。概念清晰、认识统一、方向明确是企业数字化转型的首要条件;企业战略层的力推和数字技术的提升是企业数字化转型的根本保障;稳妥推进、步步为营是转型成功的不二法门。

从国内企业经营发展环境来看,推进企业数字化转型需要特别关注以下八大风险。

一、法律政策风险

国家的相关法律和政策,如土地控制、能源消耗、环境保护、信贷税收等政策,以及国家对于企业拟介入转型业务的程度和方式的限定与可能的变数等,直接关乎企业数字化转型的成败。无论何时何地、对何种业务进行数字化转型,企业都要遵守中央政府和地方政府出台的有关政策、法规、条例,企业所有行为都要合规合法。

二、转型模式选择风险

企业数字化转型业务有一个投入回收期的问题,如果转型的步子迈得太小,

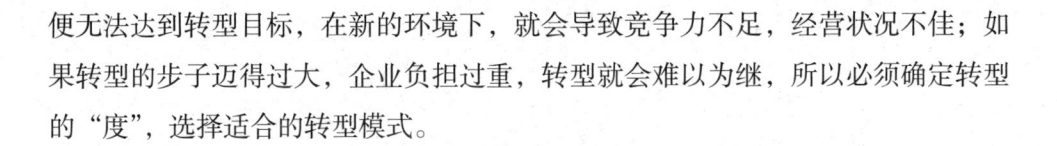

便无法达到转型目标，在新的环境下，就会导致竞争力不足，经营状况不佳；如果转型的步子迈得过大，企业负担过重，转型就会难以为继，所以必须确定转型的"度"，选择适合的转型模式。

三、企业文化"不适"风险

企业数字化转型是战略层面的选择，它能够自上而下带动全层级、全领域的彻底变革，这可能涉及每一个人、每一项业务、每一个流程，所以必须树立与企业数字化转型相适应的全新理念，普及先进的企业数字化文化，这对于转型战略的持续推进和不断优化影响巨大。研究专家杰森·海曼（Jason Hayman）表示："尽管技术触手可及，但如何挖掘其潜力却很复杂。那种缺乏共同愿景，没有考虑整个生态系统的狭隘心态正是数字化创新走向错误方向的根源所在。"[1]

因此，推进企业数字化转型一定要考虑企业文化的适应性，企业如果没有相适应的企业数字化文化，就像一个不懂外语的人出国旅游，会遇到各种不便和难题，这足以破坏旅游的兴致，甚至提早结束行程。

四、人才结构与组织架构适应性风险

在数字化转型过程中，传统企业的人才结构和组织架构都会面临变革压力，多数员工都要接受技术、观念、思维方式等方面的挑战。从组织层面上看，传统的金字塔式组织结构需要向平台化模式转型，快速发展的新型数字化"生产力"对原来的"生产关系"提出了调整要求，缓慢变化的组织架构不仅滞后于数字技术生产力，而且制约着数字技术生产力的快速发展，这就可能成为企业数字化转型战略落地的重大风险。

五、技术储备不足风险

要用数字技术驱动业务变革，数字技术的能力建设至关重要。企业数字化转型的本质是让数据成为新的生产要素，核心手段就是让业务数据化、数据价值化，关键技术能力是平台能力和数据治理能力，这两种能力缺一不可。一是建设与自

---

[1] 李剑峰. 企业数字化转型认知与实践：工业元宇宙前传[M]. 北京：中国经济出版社，2022.

身业务相适应的工业互联网平台，打造强大的平台服务能力，形成良好的技术生态；二是构建企业级数据治理体系，梳理数据资源，形成数据资产，赋予数据价值化能力。

六、缺乏企业高层支持风险

企业数字化转型必须从顶层设计开始，但有调查显示，超过 1/3 的企业高层将缺乏清晰的转型策略视为企业数字化转型的最大障碍，而首席执行官通常是企业数字化转型失败的罪魁祸首。太多需要优先执行的业务或者项目使他们难以坚持数字化转型，即使克服了对转型的抵制，但是当大多数企业高层在面对糟糕的财务状况和来自竞争对手的压力时依然会选择观望。此时，大多数企业高层仍在努力弄清楚他们需要改变什么以及如何去做，但是会在"做什么以及如何做"的问题上犹豫不决，这会让企业陷入困境，这种优柔寡断也会造成组织惰性，甚至导致他们做出错误决策。

数字化转型未能达到预期的投资回报率，部分原因是数字化转型既是战略、技术、文化和人才问题，也是领导力问题，而领导力未能真正发挥作用。

七、技术选择风险

虽然技术是企业数字化转型的关键驱动因素，但应用那些不能满足客户需求的技术或者启用新的数字商业模式工具几乎不会帮助组织提升价值。如何选择最恰当的技术，如云计算、预测分析、区块链、人工智能或物联网，不能单纯从首席信息官的喜好或者便利程度出发，而应该充分考虑业务特点、成本和客户需求；更不能过度关注高大上的新技术或新技术组件，而应该更多地关注技术的应用场景和应用方法。

八、数字化人才缺乏风险

企业数字化转型需要新的人才，包括受过最新编程语言培训的软件工程师、用户体验设计专家、DevOps 工程师、数据科学家和人工智能专业人员。但要想成功实现数字化转型，需要更完善的人才结构，包括产品经理、业务专家、管理人才等。

转型的主要障碍之一是企业未能充分理解转型的技术需求和人才需求，并满足这些需求。比如，企业是否需要一种新的数字化运营模式？采用这种模式需要多少敏捷专家或DevOps工程师？现实情况往往是需求远远大于供给，大多数企业发现，他们很难从阿里巴巴、华为或百度这样的企业吸引经验丰富的软件开发人员、产品经理和其他专业技术人员。

第二节　企业数字化转型的动力

一、市场竞争的需要

在全球一体化背景下，几乎所有的竞争都是全球性的，一个企业只有比世界上任何一个同类企业成本更低、性能更优、功能更多、响应市场变化更快，才能脱颖而出，这是企业生死攸关的大事。

什么是企业降本增效的利器？如图2-1所示，是麦肯锡公司对数字技术可能给企业带来的潜在价值的预测。①

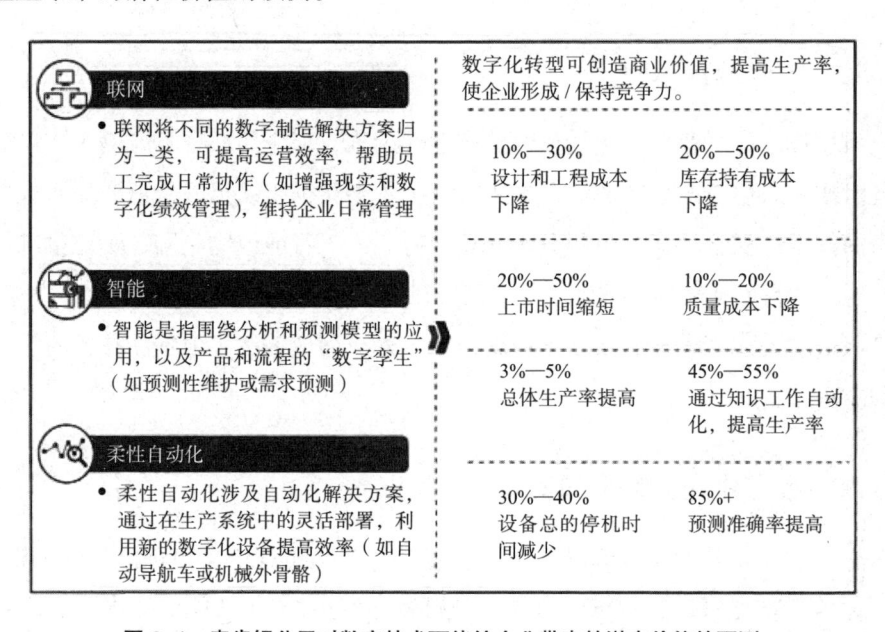

类别	说明	指标	指标
联网	联网将不同的数字制造解决方案归为一类，可提高运营效率，帮助员工完成日常协作（如增强现实和数字化绩效管理），维持企业日常管理	10%—30% 设计和工程成本下降	20%—50% 库存持有成本下降
智能	智能是指围绕分析和预测模型的应用，以及产品和流程的"数字孪生"（如预测性维护或需求预测）	20%—50% 上市时间缩短	10%—20% 质量成本下降
		3%—5% 总体生产率提高	45%—55% 通过知识工作自动化，提高生产率
柔性自动化	柔性自动化涉及自动化解决方案，通过在生产系统中的灵活部署，利用新的数字化设备提高效率（如自动导航车或机械外骨骼）	30%—40% 设备总的停机时间减少	85%+ 预测准确率提高

数字化转型可创造商业价值，提高生产率，使企业形成/保持竞争力。

图2-1　麦肯锡公司对数字技术可能给企业带来的潜在价值的预测

---

① 李剑峰.企业数字化转型认知与实践：工业元宇宙前传[M].北京：中国经济出版社，2022.

在以上的预测中互联网时代信息不对称现象几乎消失，所有的企业在共同的市场上进行竞争，优劣高下一目了然，拥有更低成本和更快响应速度的企业就能抢得发展先机。而各种技术对于企业来说没有哪一种技术像数字技术一样，在提高劳动生产率、降本增效方面如此立竿见影。

在很多领域，是否采用了数字化技术甚至成为一种价值符号。在白色家电领域，空调加上智能遥控，身价倍增；冰箱加上移动应用就引导了消费潮流。数字化技术已经成为产品竞争的强大武器，越是竞争白热化的市场领域，越能凸显数字技术的价值。

二、技术发展的推动

《科技想要什么》是凯文·凯利的科技三部曲之一，另外两部是《必然》和《失控》。在这本书中，凯文·凯利向我们介绍了一种全新的科技观，他认为，作为整体，科技不是由线路和金属构成的一团乱麻，而是有生命力的自然形成的系统，它的起源完全可以回溯到生命的初始时期。凯文·凯利宣称，现在人类已定义的生命形态仅包括植物、动物、原生生物、真菌、原细菌、真细菌六种，但技术的演化和这六种生命体的演化惊人相似，技术应该是生命的第七种存在方式。[1]

我们不去讨论这种观点的正确与否，但我们能够清晰地感受到科技作为一种独立的力量甚至是颠覆性的力量，在企业变革中发挥着巨大的引领作用。

19世纪初，英国最大的煤油灯公司爱和灯具公司与德意志帝国的一家叫作"苏梅"的油灯公司为了争夺欧洲的煤油灯市场，展开了激烈的竞争。两家公司都投入了巨资，在煤油灯的设计、亮度、持久度上进行改良。然而，一个全新的科技借助爱迪生之手诞生了，这种科技叫作"电灯"。

同样的事情还发生在汽车和数码照相上，它们分别颠覆了马车行业和胶片行业。需要注意的是，这里的颠覆性技术都不是用户提出的"新需求"。正如汽车大王亨利·福特所言："如果我当年去问顾客他们想要什么，他们肯定会告诉我，是一辆更快的马车。"[2] 在电灯技术出现之前，没有哪个用户提出需要一盏电灯，他们需要的只是更亮的煤油灯。

---

[1] 李剑峰. 企业数字化转型认知与实践：工业元宇宙前传[M]. 北京：中国经济出版社，2022.
[2] 孙炜. 场景体验设计思维[M]. 北京：北京邮电大学出版社，2017.

所以，我们一定要认识到，科技是作为一种独立的力量存在着的，并且在历史长河中，以远比人类（至少是大多数人）认知变化速度更快的速度前进，它不容忽视，就像眼前的数字技术一样。

在这里，把驱动力单独拿出来讨论，还有一个深层次的原因，就是在大多数传统企业中，信息化部门都是作为企业核心业务部门的附属部门存在的，企业信息化建设也往往围绕着业务部门提出来的需求开展，这就造成了业务部门的需求成为信息化建设的"天花板"，客户的需求永远是"一辆更快的马车"，如果遵从客户需求，就永远也不会有汽车的出现，这就严重抑制了来自数字技术的创新引领作用。每一个传统企业的管理层都应该反思，自己是不是堕入了只要"一辆更快的马车"的陷阱。

因此，对于传统企业来说，一定要更好地释放数字技术的独立价值。

三、客户端的倒逼机制

随着数字时代的到来，企业必须习惯消费行为的"量子态"：消费行为各不相同、随时变化、多态叠加，这给企业了解和掌握用户行为带来了巨大的挑战，互联网技术、大数据技术等数字技术成为企业必须掌握的技术。基于大数据的客户画像、精准营销、自动推送等技术大行其道，这也是一种倒逼。

例如，网络上出现了很多 B2C 的服装企业，它们为顾客提供服装的个性化定制，一身可以，一件也行。可见，日益个性化的客户需求，会倒逼企业采用最新的数字化技术。

以"客户为中心"是数字经济的核心理念之一，这个理念不同于传统的"顾客就是上帝"的概念，它更加强调挖掘客户需求，甚至是引领客户需求。当前，蜚声世界的工业 4.0 强调，不仅要关注产品如何被制造出来，更要关注客户如何才能用好这个产品，为客户提供最佳的使用体验。无处不在的物联网技术能够实时获取产品使用过程的数据，大数据分析技术能够从这些数据中挖掘用户的偏好、习惯和感受。数字时代的工业界，卖给用户的不再是产品，而是一种有价值的能力。

客户消费模式的数字化趋向，成为企业数字化转型的第三大驱动力。

数字世界的宏大画卷正徐徐展开，正如 18 世纪中叶第一次工业革命发生时人们见到轰隆作响的"机器怪兽"时的迷惑和震惊一样，站在数字世界的入口，其中的光怪陆离，让一些人迷惑不解、一些人目瞪口呆、一些人惊喜连连，这对世界上的所有人来说都是一个全新的契机。相对于土地和资本的所有权，0和1代表的数字要素更加轻灵，也更加容易获得。

第三节 企业数字化转型的模式

企业数字化转型不是天外飞来的不明飞行物（UFO），而是数字技术与企业业务不断融合之后，自然而然出现的一种新的经济现象。因此，一定要清晰地看到这种融合从无到有、从低到高、从被动融合到主动驱动这样一个递进的发展路径，沿着这条路径，我们便可以定义企业数字化转型的四种模式。

一、第一种模式——赋能

赋能就是利用数字技术为传统生产要素插上数字翅膀，大幅度提升生产效能，为企业带来新的价值。数字化赋能是企业数字化转型的初级阶段，也是必要阶段，通过这一阶段的实践，能够培育企业的数字化文化，增强员工的数字化意识和对转型的信心。这里将赋能分为四种类型。

（一）设备赋能

传统的设备、设施、生产装置等不具备数字化能力，如联网能力、感知能力等，需要企业安排专人定期巡检设备、设施的运行状况，并通过抄表发现安全隐患。有些企业通过给设备加装数字仪表、传感器以及联网设备等，从根本上改变传统的巡检、查表模式。通过数字赋能，节约了人力，提高了服务水平，改变了原来的生产组织模式，实现了业务转型。

（二）产品赋能

通过进行数字化赋能，能够为产品附加很多新的功能，从而提升产品的价值，给用户带来全新体验，也给企业带来更多收益。对白色家电的数字化赋能是企业应用最多的数字化赋能方式，比如：给家用空调加装联网设备，实现遥控开关机，在主人下班回家前实现家庭恒温；给冰箱加装数字设备，可以知道冰箱里还有多少储备，通知主人提前购买；等等。同时，数字化赋能的产品还给企业售后服务带来便利，让企业可以随时掌握产品的运行状况，实现预知性维修、维护。通过对产品的数字化赋能，不仅能给用户和企业带来新的价值，也改变了用户的消费模式和企业的售后服务模式。

（三）员工赋能

员工赋能指的是通过数字技术减轻企业员工的劳动强度、提高劳动生产效率、改变对员工的组织方式和管理方式。此外，数字化员工赋能还有另一个作用，就是对员工的工作状态能够随时进行监督和考核。

（四）团队赋能

我们可以把团队赋能看成员工赋能的升级版，有些需要团队协作甚至是远程协作才能完成的工序或者任务，通过数字技术，能把团队成员"武装"起来，可以实现高效协同。

总之，通过对物联网、卫星定位、传感器、5G、移动应用等数字技术的应用，企业可以实现对运行环节、装备、产品以及参与人员的赋能，从而大幅度降低员工的劳动强度和企业用人数量，提高生产效率，改进生产安全状况，优化生产组织模式，增加产品附加值，使企业、员工和客户多方受益。

赋能具有规模小、易操作、风险低、见效快的特点，是企业数字化转型的最佳入手点。它虽然具有"点状"特征，但是在实际运用中往往多点并行，甚至星罗棋布，产生"面状"价值。

将赋能定义为企业数字化转型的基本模式，对全面推进企业数字化转型有巨大的现实意义。其规模小、易操作、风险低、见效快等"短平快"特点，给许多信息化技术薄弱的中小企业提供了一个它们能够达到的起点，企业数字化转型不再是高不可攀的宏大目标，而是具有可以逐步攀登台阶的可实现的目标。对正在推进数字化转型的企业而言，能够快速见到效果，会给予它们坚持下去的勇气和信心，让它们阔步向前。

二、第二种模式——优化

优化是所有智慧生命的基本能力。在企业生产中，具有丰富知识和经验的资深工作者更受重用，这些工作者在日常工作中习惯于按照经验或套路进行工作，往往能够取得很好的效果。

但在数字化时代，一定要用基于数字模型的优化取代基于个人经验的优化，就像用"15克"取代"少许"，用"6厘米"取代"一巴掌宽"，不仅要锱铢必较，取得"卡边"效益，还要取得利用经验无法获得的新效益。

在企业生产、经营、管理的各个层面，优化无处不在，从会议安排、出差安排、员工用车调度、生产班组安排，到原材料仓储布局、产品配送方案等，产品生产周期中的每一个环节都需要优化，而全局更需要优化。

在没有实现数字化的企业里，一部分企业可以依靠经验在一定程度上完成粗略的优化，但有些根本无法实现优化，这就体现出企业数字化转型的必要性和迫切性。

优化通常是针对一个或者多个业务流程，在数字化的基础上，利用数字化建模技术进行流程优化。优化可以在部分流程上展开，也可以在全流程上展开。通过优化，可以实现最优的资源配置，包括人力投入，设备设施使用，原材料、能源和水的消耗等，优化通常能够达到缩短流程、减少人力、降低能耗物耗、提升时效等效果，优化已经成为企业降本增效的利器。

流程优化通常需要较高的数字化水平、大量的数据积累、强大的建模能力和算力，很多情况下还需要大量的仪器、仪表、传感器等配置，来提供实时数据采集，有些情况下还需要强大的平台能力和业务集成能力等。比如，根据市场上产品的价位变化，从生产端优化产品结构，这就需要获取市场信息的能力、预测分析能力、生产端产品结构调控能力以及对市场的供给能力等。

优化通常具有"线状"的特征，常见的如离散工业的流水线、装配线，流程工业的某个流程，物流配送、能流配置、野外施工的作业路线等。区域优化和全局优化通常围绕一个业务主线展开。

三、第三种模式——转型

转型是数字化转型的原始形态，使原来"转不动"的传统业务，经过数字化技术的赋能和润滑，实现轻松转身。"大象也能跳舞"——"大象"蕴含的巨大能量将得以有效释放，从而产生巨大的额外价值。云计算是传统计算能力转型最成功的案例，它不仅造就了世界排名第一的亚马逊云，而且创造了整个云产业。

亚马逊公司原来是美国最大的消费品电商公司，为了能够满足顾客在圣诞季疯狂大采购的购物需求，亚马逊公司购置了大量的计算机服务器来应对购物高峰，但圣诞过后，购物狂潮消失，大量的计算机处于闲置状态，形成了很大一笔闲置的"优良"资产。亚马逊公司的技术人员通过虚拟技术，把大量闲置的计算机"池化"成标准的计算单元，公开对外出租。此举不仅盘活了公司资产，还催生了当前已经成为基础设施的云计算产业。一套虚拟技术加上一种新的商业模式，让亚马逊公司成功地转型成了云计算服务公司，并一直高居全球云计算产业榜首。

转型具有"面状"的特征，转型的内容通常是覆盖一定范围的一个完整业务单元。这样的完整业务单元使转型具有更高的价值，更容易实现服务化，更容易找到用户并打开新的市场。中国石化的物资采购部门每年都有巨额的采购任务，要完成这样的任务就必须拥有最高的效率、最优的价格和最可靠的产品质量。凭借多年的积累，中国石化获得了具有巨大竞争优势的采购能力，即保供能力，这种能力通过电子商务平台的赋能，转换为一种可交付的采购服务能力，使中国石化能够服务于其他企业，从而为自己带来新的利润增加值，这就是采购部门这个业务单元（BU）的数字化转型。

四、第四种模式——再造

再造是数字化转型的高级阶段，也是传统企业转型为数字化企业的关键一步。一般有两种类型的再造。

一是企业内部与数字化生产力相适应的生产关系的再造，它可以是企业内部某一独立的业务单元（如产品销售板块），也可以是企业整体。通过再造，让企业焕发青春，使数字化生产力得到充分释放。这种再造方式摒弃了传统的组织管理架构，但业务本质并没有变化。

二是打破了企业边界，以并购、融合、创新等跨界方式实现企业的商业模式再造。这种再造意味着逐渐抛弃或转变原有的核心业务，寻求新的盈利模式。

这四种模式的划分对于企业认识自身的数字化转型状况很有帮助。每个企业的CEO，尤其是CIO的脑海中（最好是在桌面上）都应该有一幅清晰的数字化转型路线图。

第四节　企业数字化转型的技术

在对多数产业进行深度改造后，互联网技术已经成为各领域发展的新动力，使得许多传统产业焕发出新的生机与活力。越来越多的企业开始深度挖掘企业内部沉淀的数据，利用大数据、人工智能、云计算、物联网和区块链 5 项数字化技术，促进业务场景的发展以及业务模式的创新。那么，企业应该如何利用这些技术改造现有业务，实现数字化转型呢？

一、数字化转型与大数据

在政策支持与数字经济快速发展的双重推动下，大数据技术迎来了发展的机遇期。企业可借此机会系统地推进大数据的布局与应用，促进大数据技术与企业业务的深度融合。借助大数据平台实现数字化转型已经成为企业突破发展瓶颈的重要手段，大数据技术最终会在各领域内沉淀为场景化产品。以下主要探讨在数字化转型的背景下，大数据具有怎样的商业价值，企业该如何应用大数据，并介绍了数据仓库与立体数据模型的应用实例。

（一）大数据的商业价值

谷歌人工智能机器人 AlphaGo 挑战世界围棋冠军李世石的事件引起了世界各国围棋爱好者及科技行业人士的广泛关注。最终 AlphaGo 五局四胜，打败了李世石。对于这一结果，最淡定的就是大数据圈内的人士了。

六禾创投总裁王烨表示："AlphaGo 的胜利，实际上是神经网络的胜利，而背后的原理就是大数据。AlphaGo 在 3500 万个棋谱中不断学习，自学能力非常强。换而言之，机器有了大数据的支持，不光能够超越你，还能够帮助你想到你没有想到的解决方案。大数据时代已经到来。"[1]

如今，大数据的应用领域日益广泛，企业如果能了解大数据蕴含的商业价值，就可以更有针对性地进行数据收集，更精准地判断用户需求，为其提供个性化、

---

[1] 韩布伟. 区块链 重塑经济的力量 [M]. 北京：中国铁道出版社，2016.

差异化的产品或服务,实现利益的最大化。大数据的商业价值主要体现在以下几个方面。

1. 精准划分用户群体

大数据极大地降低了用户数据的分析成本,使得企业可以根据用户的消费习惯、消费水平等将用户群体进行划分,对不同的群体采取不同的服务方式。同时,企业还可以对不同群体的用户进行更深层次的分析,从而增强用户黏性,降低用户流失率。

2. 个性化推荐

在获取大量的用户数据后,企业还可以通过智能分析算法为用户提供个性化推荐。如淘宝的商品推荐、应用商店的软件推荐、网易云音乐的歌曲推荐等都运用了这个原理。当了解用户偏好后,企业就可以将其进行商业化延伸,实现营销推广的精准投放。这样不仅可以有效地节省营销成本,还可以增强营销效果,最大限度地提升投入产出比。

3. 模拟真实环境

在存储了海量的用户数据后,企业就可以将产品使用效果、用户需求等进行数据化处理,从而通过数据模拟真实环境,满足用户更深层次的需求。例如,天津地铁 App 会通过实景模拟的方式预测站内客流量,为用户提供车站客流热力图,使用户可以更好地制订出行计划。

4. 加强部门间的联系

即使是对于同一个用户,生产研发、宣传推广、售后处理等部门需要的数据分析结果也会有所不同。数据共享程度的提高,不仅可以提高数据的利用效率及挖掘深度,还可以增强各部门之间的联系,提高整个产业链的运作效率。

用户数据作为一种新型生产要素,已经成为企业宝贵的经济资产。如今,所有的创新、价值都来自用户数据。在抓住大数据的商业价值后,就能更精准地把握时代脉搏,更好地实现传统产业的转型升级。

(二)企业如何应用大数据

随着互联网技术的快速发展,企业对数据的收集、整合、处理、存储等应用能力也有了显著提升,大数据的应用范围也随之扩大。然而,由于企业的发展层次不同，它们的科技发展水平也不同，许多企业还面临着数据来源不统一、无法实现数据互通、难以获得安全保障等问题。

为了充分发挥大数据的价值，促进大数据在企业中的应用，企业可以采取以下措施。

1. 建立数据共享体系

在了解现有的数据流通规则后，企业就可以综合考虑各部门的业务需求，建立更规范、更实用的数据流通规则，从而加强大数据技术对企业创新发展的推动作用。例如，可以对企业的各项业务进行梳理与分析，绘制出各部门内部以及各部门之间的数据流通情况图，从而建立完善的数据共享系统，破除企业内部的数据壁垒。

2. 推进基础设施建设

充分发挥大数据技术的数据采集优势，加强重点领域的基础设施建设，扩大数据采集的范围，提升被采集数据的质量。同时推进大数据中心的建设工作，为各行业提供数据支撑，为实现大数据技术的稳定发展夯实基础。

3. 推进数据共享

充分发挥大数据中心的纽带作用，将大数据中心作为数据共享平台，建立完善的数据分级规范，明确各企业之间的权利与责任，推进企业之间的数据共享。

4. 培育数据人才

如今，各企业都面临着前所未有的机遇和挑战，企业应尽量做好培训的相关工作，打造出一支能力很强、素质很高的团队，以适应市场经济的变化。例如，可以对在职员工进行技能培训，提升他们的数据应用能力，促进企业的可持续发展。

5. 完善数据安全体系

企业还需要完善数据的安全保障体系，加强数据的安全防护，避免发生数据泄露。例如，完善数据安全体系，基于企业特色制定数据安全标准，并建立对应的反馈机制与惩罚措施，严格管控数据的安全。同时，还可以进一步加快数据安全防护技术的研发工作，为数据共享提供安全保障。

大数据可以帮助企业优化资源配置、提升产品质量、降低生产成本，精准地将产品或服务投放给需求用户。因此，企业应充分认识并发挥大数据的价值，使其成为企业实现高质量发展的基础推动力。

（三）数据仓库与立体数据模型

数据仓库可以通过建立立体的数据模型更好地实现数据的存储与管理工作，数据模型还可以增强企业决策的科学性和可行性。下面就针对几种经典的数据模型简述数据仓库对企业的重要意义。

关系模型、维度模型、Data Vault 模型是数据仓库中最主要的立体数据模型，企业可以根据实际的业务场景进行选择。

1. 关系模型

关系模型是指在梳理业务环节之间的关系后建立的模型，它颇受数据仓库创始人 Bill Inmon（比尔·恩门）的推崇。关系模型的建立需要从企业的角度出发，将企业的主题进行抽象化处理，而不是使具体的业务流程与执行实体的关系抽象化。通常情况下，企业会在对数据的质量存在一致性的要求时使用这种模型。

2. 维度模型

维度模型将业务拆分为事实表与维度表，并按照这种结构构建立体的数据模型。维度模型通常会将事实表放在中心位置，维度表则围绕在事实表的四周，这种方法也被形象地称为"星形模型"，其内容如图 2-2 所示。

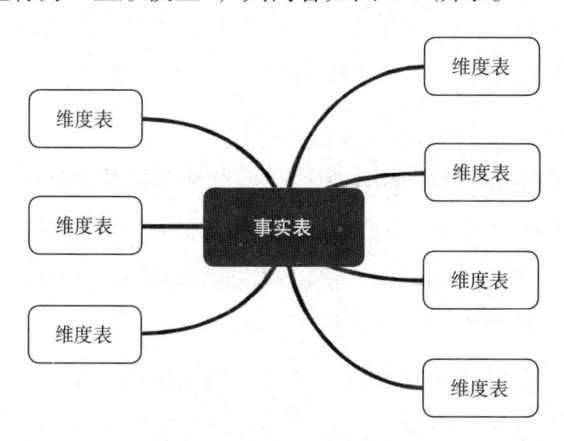

图 2-2 维度模型示意图

维度模型会针对每个维度都进行充分的预处理，如整理、统计、排序、分类等。它对于分析部门内的小规模数据具有绝对的性能优势，因为在经过预处理后，数据仓库的数据分析能力将得到显著提升。同时，在维度划分合理的情况下，星形连接是最高效的数据传递方式之一，它能大幅提升访问效率。因此，必须充分收集用户反馈，并通过反馈数据对维度模型的结构进行调整。

3. Data Vault 模型

Data Vault 模型的建立需要对数据的来源进行追踪，因此其中的每个数据集都需要承载数据来源、装载时间等基础属性，从而计算数据的其他信息。Data Vault 模型会保留操作型系统的全部数据，不会对数据进行验证或清洗。这种拆解方式更适合构建数据仓库的底层，但会提升分析业务场景的复杂程度，因此并未得到广泛的推广。

数据仓库与立体数据模型是大数据的重要应用方式，建立数据模型也是设计数据仓库的重要步骤，企业应根据应用需求选择最合适的模型。

二、数字化转型与人工智能

大数据、云计算、物联网等数字技术的发展，为实现人工智能技术的进一步升级打下了扎实的基础。那么，人工智能的发展阶段与分类是怎样的，企业应该如何将这项技术用于数字化转型，又该如何制定智能战略？具体可以从以下几个方面入手。

（一）人工智能发展阶段与分类

人工智能的发展可以用一波三折、命运多舛来形容。关于人工智能发展的历史，业外人士鲜有人知。许多人都认为现在人工智能的迅速火热是媒体大力宣传的结果，是商界大咖争相使其商业化的结果。其实不全是如此，人工智能的迅速发展还要遵循其自身发展的内在规律。

人工智能的发展已经有 60 余年了。人工智能其实早已不是新名词，最早由计算机专家约翰·麦卡锡在美国的 Dartmouth 学院举办的一次会议上提出，当时的时间为 1956 年，这被后人称为"人工智能正式诞生的标志"。

1956 年人工智能的主打方向是逻辑推理，可是逻辑推理只能解决一些逻辑方面的问题，对于更贴近生活的问题，人工智能便会无能为力。另外，由于科技的进步，事物的复杂程度升级，一些简单的人工智能不再能够适应社会发展的需求，第一阶段的人工智能开始走向没落。但是科学家对人工智能的热情仍没有衰退。

在 1980 年，卡内基·梅隆大学开始了新一轮的人工智能技术研发。此时人工智能的主打方向是专业知识，方法是给计算机编写关于专业领域内核心知识的程序，使计算机能够像专家一样思考，为人们解答疑惑。这个项目起初是非常成功的，但是好景不长，到 1987 年，Apple 和 IBM 公司生产的台式 PC 都超过了拥有"专业知识"程序的通用计算机，并挤占了它们的产品市场，另外研发的成本也逐渐增高，于是人工智能的发展再次进入凛冬。

2006 年至今是人工智能发展史上的第三个春天，此时人工智能的主打方向是机器学习。随着谷歌 AlphaGO 战胜韩国围棋高手李世石，人工智能才迎来了新的高峰期。这一时期，智能机器通过自主学习，显得更加智能化。另外，此时的科学技术又上升了一个大台阶。无论是商业大佬、学术大咖、科技大师，还是政府机构都对人工智能的发展寄予了厚望。

21 世纪是人工智能的时代，人工智能技术作为最重要的技术资源已经逐渐融入人们的日常生活中，为人们的生活带来了极大的便利。人工智能的提出者约翰·麦卡锡教授将其定义为"创造智能机器的科学和工程"。如今，"人工智能"这个概念得到了进一步的延伸，成为计算机科学的一项分支技术，开始用于执行那些需要人类智能的复杂任务。

许多人都将人工智能分为专用型和通用型两种，但更确切地说，它们是人工智能发展的两个阶段。

专用型人工智能是人工智能发展的初级阶段。这个阶段的机器不具备模拟人类思考的能力，它们只能执行系统内部预设的简单任务。语音助手 Siri、搜索引擎 Alexa、围棋机器人 AlphaGo，甚至类人机器人 Sophia 都是专用型机器人。实际上，目前的科技水平仍处于初期阶段，基于当前科技制造出的智能体也都属于专用型人工智能。

通用型人工智能是人工智能发展的高级阶段。这个阶段的机器将拥有人类的思考和决策能力。目前，通用型人工智能仍处于开发阶段，尚未出现公开的通用型人工智能实例。但以目前的科技发展速度来说，这一阶段离人类并不遥远。

实际上，包括霍金在内的很多科学家都认为这种人工智能还会继续发展为超越人类的超级人工智能，最终像科幻作品中描述的那样威胁人类的存在。

（二）5G 与人工智能结合

现在，很多技术都开始和人工智能结合。如 5G 和人工智能相辅相成，二者携手可以使经济价值得到释放，是一种相辅相成的关系，具体可以从以下4个方面进行说明。

1. 5G 促进人工智能的发展

5G 具有低延迟、高速度、大容量的特点，这些特点可以助力智能设备的大规模使用。以低延迟来说，延迟是指信号从发送到接收的时间，这个时间越短，对智能设备就越有利。例如，通过低延迟的智能设备，医生可以为患者远程操作一台阑尾炎手术。在这个过程中，医生的指令会在第一时间被传递，从而有效保障患者的生命。

2. 5G+人工智能＝多样化场景

5G 和人工智能的结合使二者的应用场景更加多样。在未来，会做饭的机器人、准时接送孩子的无人校车等都可能会出现。

现在，在 5G 的助力下，人工智能越来越多地被应用于人们的日常生活。无论是公园的智能清扫车，还是图书馆内的人工智能流动车，或是远程操控的汽车等，都在逐渐涌现。此外，像矿区、灾区的危险作业，智能港口管理等这些更大范围的应用也可以看到人工智能的身影。

3. 智能设备的数据处理

国际相关机构 Statista 提供的数据显示，预计到 2035 年，智能设备产生的数据量将超过 2100ZB，如果要处理如此巨大的数据量，那就必须充分发挥 5G 的力量。在 5G 的助力下，智能设备之间的数据传输、处理会变得更加快速，也更具规模。[1]

4. 5G 的瓶颈

虽然 5G 下的人工智能出现了可喜景象，但从目前的情况来看，5G 还存在一些不得不解决的瓶颈。首先，在 5G 当中，智能设备基本上都是相互连接的，这会导致攻击者很容易就能造成混乱；其次，5G 推出以后，智能设备的交易量会比之前增长很多，而目前中心化和去中心化的基础设施很难或者根本无法承载如此巨大的增长。

在看待 5G 和人工智能的结合时，必须采用发展的眼光和立体的角度，这样才能充分感受到两者的价值。而且，在正确架构的指引下，边缘计算、虚拟现实、

---

[1] 王光鑫，刘思洁. 数字化转型实战指南 [M]. 北京：机械工业出版社，2022.

物联网等技术也将发挥作用，使人们的工作和生活发生巨大变化。

总之，人类的每一次进步都伴随着工业的飞跃式前进，每一次工业的飞跃式前进都是在新技术的推动下产生的。人工智能可以通过内置的数据结构进行自我升级，这满足了人类社会发展更高级别的要求，无疑是行业发展最重要的引擎之一。

（三）人工智能在数字化转型中的应用

得益于大数据、云计算、物联网等数字技术的成熟，人工智能技术在近几年实现了突破性的进展。发展至今，人工智能已经成为数字化转型的核心引擎，得到了前所未有的重视，被广泛应用于各行各业中。下面以零售、交通、教育、物流行业为例，简述人工智能技术在数字化转型中的应用场景，希望能够给大家提供一些启示。

1. 零售行业

人工智能包含机器学习、图像识别、自动推理等技术，使计算机可以智能识别产品信息，从而实现产品分拣、装配等环节的生产自动化。此外，人脸识别技术也能有效帮助零售行业记录如用户的性别、购买产品、滞留时长等用户信息，从而建立用户画像，进一步提升用户的转换率及复购率。

2. 交通行业

交通行业通常以物联网为技术基础，借助传感配件、云端系统构建智能交通体系，并利用人工智能分析道路的基础情况、车流量等信息，从而实现对道路情况的智能监控。这样不仅可以有效地减轻交通管理人员的工作负担，还可以提升道路的通行能力。

3. 教育行业

如今，语音识别、文字处理等技术日趋完善，计算机可以自主实现对各类信息的收集、分析和整合，越来越多的学校开始大规模地实行计算机阅卷。不仅如此，许多课外机构也开始将纠正发音、在线答疑等工作交给人工智能完成。这也在一定程度上解决了教师资源分布不均衡、补习费用高昂等问题，同时也为学生提供了更舒适的学习环境，有效提升了他们的学习效率。

4. 物流行业

配送、装卸是物流行业中最繁杂的流程，人工智能技术可以将货物数据进行智能分析，自动生成资源配置方案的最优解，进一步打造灵活多变的动态运输网络，从而实现对这两项流程的自动化改造，全面提升货物的运输效率。

随着数字技术的发展，越来越多的企业认识到实现业务智能化的重要性，人工智能对数字化转型的推动作用也日益增强。在未来，人工智能也将与互联网一样融入各行各业中，实现各行业服务体系、价值体系的创新，为经济发展提供重要的推动作用。

（四）制定战略的建议

多项数字技术的有机结合驱动了人工智能的发展，人工智能也汇聚了这些数字技术的综合影响力，成为科技领域中最热门的话题之一，引领了新一代科技潮流。智能时代，制定人工智能战略是企业建立核心竞争力的前提。那么，企业应该如何制定科学、合理的人工智能战略？

1. 构建创新型思维

企业的数字化转型是在不断探索中实现迭代升级的过程，就像科学实验一样，最初的论断可能会在探索的过程中出现错误，也需要不断地利用最新数据验证自己的猜想。因此，企业的管理人员应该构建创新型思维，从而构想出指导性更强、可行性更高的发展目标，并为之制定相应的智能战略。

2. 建立数据团队

人工智能战略的监督和管理工作需要由专业的数据团队进行，团队成员需要具有业务、技术或者数据分析等方面的专长，并具有部署与维护管理系统的技术能力。只有这样，才能保证制定出的战略切实可行，企业在战略的推进过程受到阻碍时，也能及时获得专业人员的分析，并解决问题。

3. 建立健壮的数据生态

人工智能战略的执行需要建立在大量数据的基础上。因此，建立一个健壮的、能够获取高质量数据资源的数据生态程序是至关重要的。这就要求在不牺牲数据安全性的前提下，利用多层次的方法协调数据访问的灵活性，如引入语音、图像、文字等数据源，增强数据管理能力等。

4. 严格制定评判标准

大到对战略目标的要求，小到如何验证开发模型，评判的任何环节都需要与数据团队达成一致。这是因为新建的人工智能模型总会对传统的质量标准产生变革,这会导致测试时的数据无法对生产实践产生指导作用,应该根据最新数据及时更新评判标准。

5. 建立 QA 与交付模型

完成部署后,需要将人工智能模式应用于信息技术实践中,并持续对其进行迭代与调整。在这个过程中,很难依照传统的战略模式制订迭代计划,也很难精准预测数据的更新间隔。这就要求建立相应的质量保证和交付模型,持续、稳定地对人工智能模型进行维护,维护时还需要严格遵循初始模型的开发方式。

以上就是人工智能战略的制定要点,从业人员应该充分把握这些要点,借助人工智能实现人与机器的协同发展,抢占行业发展的先机。

三、数字化转型与云计算

只有坚持自我革新,才能在激烈的市场竞争中保持领先地位。云计算可以为企业提供灵活的数据资产、降低企业的运营成本、提升业务的可扩展性,从而帮助企业缩短产品的研发周期、转变企业的业务模式,在营造数字化氛围、加速企业转型发展等方面发挥重大作用。

(一)云计算有广阔的发展空间

云计算的本质是分布式计算,即通过网络将庞大的数据处理程序拆分为多个小程序,再将这些小程序的分析结果返回用户。其技术核心是虚拟化,但传统意义上的虚拟化与云计算在可扩展性、灵活性、灾难恢复、成本等方面都存在很大区别。

云计算作为实现数字化转型的基础技术之一,可以在保持业务相关性的前提下,帮助企业快速实现业务增长,提升企业的运营效率。同时,云计算还可以高效执行测试流程的效率,帮助企业保持敏捷性,增强企业内部数据的安全性,降低系统故障可能带来的风险,具有广阔的发展前景。综合地看,云计算的发展前景主要体现在以下几个方面。

其一,互联网数据中心是云计算最基础的应用方式之一。随着数字经济的发展,我国的数据存量将出现井喷式增长。由于这项业务的利润十分透明,越来越多的企业致力于数据中心的建设工作。如今,一线城市的数据中心市场逐渐饱和,但在市郊、西部城区等电力成本较低的地区,仍旧存在广阔的市场。

其二，随着百度、阿里巴巴、腾讯等互联网龙头企业的深入挖掘，公有云的格局基本定格。但各行各业对于公有云的需求有所不同，诸如UCloud、七牛云等为企业提供"行业云"服务的企业同样获得了良好的发展。针对不同的行业提供计算能力、安全、流量等方面的云计算服务，也成为一个很好的机会。

其三，由于自身的数字化程度较低，传统企业在进行数字化转型时通常会寻求外部的技术支持，但那些需要严格保密的数据并不能使用公有云进行计算或存储。在这种情况下，混合云和私有云就可以满足这些企业的需求。同时，由于各大互联网龙头企业致力于公有云市场的挖掘，混合云和私有云的市场还存在大片的空白。

其四，建设致力于为企业提供服务的PaaS平台和SaaS平台，同样是一个很好的机会，这些平台可以利用容器、服务器管理等技术解决企业需求。随着数据量井喷式的增长，数据的安全性管理需要重点关注，如果可以将被动防御升级为主动防御，也有机会实现利润的进一步增长。

其五，互联网时代将个人与企业的行为存储为非结构化的数据，大量的行为数据被存储在云端。如何筛选其中的有效数据，并对其进行分析整合也是数字时代的重要发展方向。

数字化转型要求企业打破原有的运营模式，实现业务、产品、服务等全方位的转型。企业只有坚持自我革新才能在激烈的竞争中保持领先地位。云计算就是推动企业创新发展的强效催化剂，是企业实现数字化转型的基石。在未来，企业80%以上的业务部署都将在云端进行，云计算的发展空间极其广阔。

（二）企业的业务上云

通俗地说，企业的业务上云是指企业利用云计算技术实现自身业务与社会资源的链接。上云后的企业可以通过网络获取需求资源，这将显著降低企业的运营成本，并提升企业管理水平，促进共享经济的持续发展。

实际上，大多数传统企业的业务管理系统都还没有成功上云。业务上云已经成为企业实现数字化转型的必然选择，政府发布的大量相关政策、逐渐互联网化的数据平台以及逐渐成为数字化转型核心驱动力的云计算技术，都使得企业的业务上云成为必然。

1. 数据平台的互联网化

传统企业的管理系统通常只用于增强企业的管控能力或扩大信息获取渠道，企业内各部门之间的系统相互独立，系统间的各项数据并不共享。如今的企业管理系统越来越注重用户体验，开始根据用户需求不断迭代自身的数字化产品。

这种新型管理系统要求企业将数据平台以及前端的用户案例互联网化。为降低运营成本，许多企业都选择将遗留系统的硬件移植到云端，因而在某种程度上，由云计算承载可以被视为这种数据平台的先天特性。

2. 云计算是数字化转型的核心驱动力

云计算汇聚了多项数字技术的特性，与传统技术相比，在数据的处理能力、迭代升级的速度以及计算性能的优化等方面都有显著提升。许多软件商为了提升自身的产品性能，更好地融入行业生态，开始将云计算作为产品的主要技术架构。这种架构还可以帮助这些企业将资本性开销转变为运营性开销，极大地增强了企业财务模式的弹性，间接帮助企业实现了资本结构的优化。

如今，数据的安全风险越来越高。由于存储的数据大多处于共享状态，云计算天然具有一种风险防范机制。在企业实现业务上云后，就可以借助这种机制，提升数据的安全性，节省部分用于数据安全管理的开支。

四、数字化转型与物联网

从全球范围来看，无论是IBM早期提到的"智慧地球"，还是思科倡导的"万物互联"，都是物联网的一种表现形式。在人们的日常生活中，物联网的相关应用也越来越多，如智能门锁、智能窗帘、蓝牙手环等。

物联网技术的不断发展，为人们描绘出万物互联的发展图景。在"互联网+"的助力下，海量信息在全球范围内无成本地流淌，人与人、人与物、物与物都可以自由地进行连接，万物互联似乎已经成为现实。

但实际上，这一切才刚刚开始。

从人类生活的角度来看，万物互联不仅实现了生活的智能化，也提高了人类的创造力。这样，人类就可以在享受高品质生活的同时做出更好的决策。从企业的角度来看，万物互联可以帮助企业获得更多有价值的信息，大幅度降低企业的运营成本，进一步提升用户体验。由此看来，万物互联确实拥有非常广阔的市场前景。

（一）物联网平台的作用

物联网即"物物相连的互联网"，它利用射频识别（RFID）、无线数据通信等技术，实现实物与互联网的连接。在物联网构想中，射频识别是让所有物品发起"交流沟通"的一种技术，其电子标签中存储着规范且具有实用性的信息，无线数据通信网络可以将这些信息自动采集并到中央信息系统进行识别，进而实现交换和共享，直至万物互联。

目前，物联网与先进的制造技术相结合，正广泛应用于我国的工业生产。例如，物联网技术可以接入车载智能系统，帮助汽车进行路况识别，实现自动驾驶；物联网技术可以接入可穿戴设备，从而应用于医疗行业，将使用者的身体状况实时上传至中心系统；物联网技术还可以接入温室大棚，实时监测农作物的生长情况，并根据农作物需求自动浇水、施肥。

利用物联网技术将人、实物、数据、流程等内容进行结合之后，就有机会改变各行各业的运行方式。因为在物联网的作用下，参与经济活动的个体完全对等，同时每个节点都能有效地维护体系稳定，无须设置中心化的高权节点。这也在一定程度上推动了全球化的经济共和，为世界带来前所未有的发展机遇。

在以物联网技术为基础的经济运行方式中，每个个体的权利都由预先设定好的共识机制或者经过签署的智能合约决定，这也将全面推动经济全球化的进程。这种经济共和的意义体现为以下三点。

第一，经济共和没有地缘性特征，不会受到地域的限制。物联网技术使人们可以与大洋彼岸的其他人享有平等的经济权利。

第二，经济活动的频次多。无论是人力资本与资金资本的交换，还是资金资本与实物财富的交换，都是经济活动的体现形式。为满足自身的生存需求，人们势必进行经济活动。在实现万物互联后，这种经济活动也会变得更加频繁。

第三，经济运行效率更高。预先签署的智能合约可以根据所有者的意愿进行经济活动，这将使经济运行的效率达到空前水平。

一个全球化、流动性很强的经济体系已经展现在人们眼前，物联网技术也将以一种全新的方式创造人类经济活动的峰值。在实现万物互联后，便能够实现资源配置的最优化，全面推动全球化的经济共和，这也是物联网平台最重要的作用之一。

（二）基于传感器的物联网支付方案

谈到各企业对物联网的应用做出的种种探索，就不得不提物付宝。随着物联网技术的发展与传感器的广泛应用，物付宝为用户提供了一种从人到机器或者从机器到机器的支付方案，使用户可以实时接入物联网设备，以很快的速度完成支付。

由于数据的数量过于庞大，对有效数据进行采集与整理也变得十分困难，数据并没有被很好地利用起来，也没有发挥应有的作用。在这种情况下，可以进行数据分享和交易的全球数据市场会变得十分重要，打造成本更低、铺设更便捷的传感器网络体系也成为许多企业的重点项目。于是有人开始思考，既然数据是由传感器提供的，那么在获取数据的时候是不是可以直接把费用付给传感器？物付宝将这个设想变成了现实。

物付宝整合了全球的物联网数据，并以此为基础建立了一个去中心化的支付系统，实现了设备自盈利的目标。此外，为了实现物联网数据的共享和交易，物付宝还建立了一个物联网数据的交易市场，致力于保障用户的支付安全，提升数据的传输效率。

在进入万物互联时代后，物付宝就可以借助任意传感器进行数据交易，各种设备都可以通过传感器实现与物联网的连接。例如，气象站可以利用传感器监测空气质量，并通过物付宝搭建的平台将这些空气质量数据销售给企业、机构甚至个人。

目前，物付宝已经对相关企业进行了整合，致力于制定一个符合实际的产业标准，进一步优化了物联网支付方案，获得了比较不错的发展。

五、数字化转型与区块链

区块链作为一项很受关注的前沿技术，整合了密码学原理、分布式存储、共识机制等多项互联网基础技术，极大地提升了用户的价值交换效率。随着越来越多的企业投入数字化转型的浪潮中，区块链的应用场景也得到了进一步拓展。那么，区块链的底层逻辑是什么，它将如何推进企业的数字化转型？具体论述如下。

（一）区块链的本质是分布式账本

当人们发现比特币在去中心化机构中运营和管理时，依然可以保持稳定、无误地运行。在这种情况下，区块链技术被人们抽象地提取了出来。

区块链的本质就是"分布式账本"，其主要优势在于成本低、过程高效透明、无中介参与以及数据高度安全。与TCP/IP等底层技术相似，区块链在未来将会扩展到越来越多的行业中。在任意一个需求领域，区块链技术都有可能为其带来技术变革。

众所周知，一本账本必须具有唯一确定性的内容，否则它就会失去参考意义，这就使得记账成为一种中心化行为。在信息时代，中心化的记账方式覆盖了社会生活的方方面面。然而，中心化的记账方式却有一些软肋，如一旦这个中心被篡改或被损坏，整个系统就会面临危机。如果账本系统承载的是整个货币体系，也会面临中心控制者滥发货币导致通货膨胀的风险。

中心化的记账方式对中心控制者的能力、参与者对中心者的信任以及相应的监管法律和手段都有极高的要求。那么，有没有可能建立一个不依赖中心及第三方却可靠的记账系统？答案是肯定的。

从设计记账系统的角度来说，系统的构建需要让所有参与方平等地拥有记账及保存账本的能力，但每个参与方接收到的信息不同，他们记录的账务数据也会有所不同。数据一致是记账系统最根本的要求，如果每个人记录的账单都不一致，记账系统也就失去了价值。

中本聪构造的区块链系统，完美地攻破了这项难题。在信息时代，接入记账系统的每一台计算机被看作一个节点，区块链通常会根据每个节点，在算力竞赛中的表现为其分配记账权。例如，在比特币系统中，算力竞赛每10分钟进行一次，竞赛的胜利者就获得一次记账的权利，即向区块链这个总账本写入一个新区块的权利。这就导致只有竞争的胜利者才能进行记账。在记录完成后，区块链就会与其他节点进行信息同步，产生新的区块。值得注意的是，算力竞争如同购买彩票一样，算力高的节点相当于一次购买多张彩票，只能相应地提升中奖概率，却并不一定会中奖。

这里的奖品就是比特币，奖励的过程也是比特币发行的过程。在中本聪的设计中，每一轮竞争胜利并完成记账的节点，都会得到系统给予的一定数量的比特币。节点为了获得系统发行的比特币，就会不停地进行计算。这种设计将货币的发行与竞争记账机制完美地结合到一起，在引入竞争的同时也解决了去中心化货币系统中发行的难题。

这种去中心化的记账系统可以承载各种价值形式，除了以比特币为代表的数字货币，还可以记录能用数字定义的资产，如股权、产权、债权、版权、公证、投票等。这也意味着区块链可以定义为更复杂的交易逻辑，区块链技术也因此被广泛应用于各领域中。

（二）通过区块链提升信任

互联网将全世界的人们紧密地联系在一起，随之而来的就是巨大的信任问题。现存第三方中介组织的技术架构都是私密而且中心化的，这种模式无法从根本上解决互信及价值转移的问题。因此，区块链技术可以利用去中心化的数据库架构打造数据交互的信任体系，实现全球互信的一大跨步。

实际上，区块链最重要的价值不在于比特币，而在于能够在信息不对称、环境未知的情况下打造出一个完善的信任生态体系。下面以"拜占庭将军问题"为例，简述区块链如何解决这种数据交互时可能出现的信任问题。

"拜占庭将军问题"由著名的计算机科学家莱斯利·兰伯特提出，是现实问题转换而成的概念模型。简单来说，"拜占庭将军问题"的核心是将军们如何在仅能依靠信使进行信息传递且信使中有叛徒的情况下，制订出统一的进攻计划。

例如，现在有5位将军，每位将军向其他将军传递一条信息，可以形成一条比较长的信息链。但是，每位将军提议的进攻时间未必相同，信使中的叛徒可能会同意多位将军的提议，导致信息处理成本大幅度上升。

当引入"区块链"这个概念后，这个问题就会迎刃而解。区块链引入"工作量证明"这一概念。在单位时间内，只有第一位完成规定"工作量"的将军才可以发起进攻提议，每位将军将会在对上一位将军的提议进行表决后，发起自己的提议。这样将会极大地提升叛徒传递虚假信息的成本，以打造出较为完善的信任体系。

在实际应用中，区块链是由多台计算机连接形成的共享网络，具有公开性、安全性和唯一性。使用者可以查看节点上的全部信息记录，但只能对自己的节点进行修改。若区块链的某些节点数据被损坏，只要还有一个节点存有相关数据，这些数据就会在重新建立连接后同步给其他节点。

区块链改变了传统的交互模式。如今，数据的存储不再依赖中心节点，各节点之间的交互都会形成交互记录，提高了用户的"作恶"成本，由此形成了一种"无须信任"的信任体系，那些依赖信任关系的难题也就迎刃而解了。

（三）区块链与供应链的联结

区块链技术出现之初，受到影响最深的就是金融行业。随着这项技术的不断发展，可以与其融合的领域越来越多，区块链与供应链之间也发生了"碰撞"。将区块链技术应用于供应链管理中，可以有效解决现有的问题，开创供应链领域的新模式。

传统的供应链包含多个环节，每个环节都会产生大量的数据，产品的生产商、经销商、零售商，都只能掌握其中的一部分。这意味着，当产品出现问题时，很难确定问题的症结出现在哪一个环节。不仅如此，由于大部分产品上没有流通数据的标记，要想召回所有的问题产品，需要消耗大量的时间和人工成本，对相关企业都会产生强烈的冲击。

当区块链技术应用到供应链管理后，上述问题也就迎刃而解了。区块链技术可以实现对相关数据的采集、挖掘、分析、存储，从而加大对供应链的监测力度，实现对各环节的追踪。以此为基础，就可以利用最短的时间、最低的成本召回问题产品。

区块链技术提供了实时、精准的产品视图，使供应链生态网络的构建成为可能，有效提升了整个行业的透明度，降低了行业风险，极大地提升了各相关企业的利润。

第三章 企业数字化转型的工具——数据中台

要建设数据中台,我们首先需要明确什么是数据中台,以及数据中台能为企业带来什么价值。本章的主要内容是企业数字化转型的工具——数据中台,分别从两个方面进行相关论述,依次是数据中台的基本概念、数据中台的建设应用。

第一节 数据中台的基本概念

一、数据中台的概念

数据中台是一种将企业沉睡的数据变成数据资产,持续使用数据、产生智能、为业务服务,从而实现数据价值变现的系统和机制。通过数据中台提供的方法和运行机制,形成汇聚整合、提纯加工、建模处理、算法学习,并以共享服务的方式将数据提供给业务使用,从而与业务联动。再者,结合业务中台的数据生产能力,最终构建数据生产—消费—再生的闭环。

二、数据中台的优势

数据仓库是一个面向主题的、集成的、相对稳定的、反映历史变化的数据集合,用于支持管理决策。因此,其重点在于数据的集合。数据仓库可使用维度建模方法论从业务过程中抽象出通用维度与度量,组成数据模型,为决策分析提供通用的数据分析能力。

数据中台与数据仓库相比,至少有四大优势。

第一,数据中台强调数据业务化,让数据用起来,满足企业数据分析和应用的需求。

第二，数据中台梳理的流程比数据仓库建设更加复杂和全面。数据中台增加了以企业的全局视角来梳理数据域的环节，这是数据中台建设中很重要的一环。数据域的梳理正好体现了中台化的能力。举个例子，新零售场景下，企业的交易场景有很多，包括自建商城渠道、第三方电商渠道、外卖订单渠道、线下门店渠道等。建设数据中台时就需要规划出一个交易域，此交易域要抽象出各种渠道的业务流程，并能覆盖线上、线下运营部门在运营时需要考核的维度与度量。因此，数据中台建设过程要从企业全局出发，从人、货、场多维度打通数据，真正做到无论消费者从哪个渠道进来，都能洞察其与本企业的接触轨迹。而数据仓库的建设则相对单一，专注于维度模型如何设计，如何拆解指标和维度，却很少关注基于人、货、场这些主体进行实体拉通，然后做出全局的画像数据供前端业务调用。

第三，数据中台建设的范畴远远大于数据仓库的建设，数据平台除了完成数据仓库的建模，还需要制定完善的数据治理方案，甚至在建设的过程中需要成立专门的数据治理委员会来促成复杂的数据治理工作。最重要的一点是，在数据中台的规划阶段就需要去主动迎合业务，需要全面梳理哪些业务场景需要利用数据的赋能才能形成业务闭环。因此，在建设数据中台的同时就必须着眼于业务场景的赋能。

第四，对企业来讲，建设数据中台并不只是搭建一个能力平台。建设中台需要中台文化及相匹配的中台组织。因此，从宏观上来讲，数据中台承担着企业重新搭建数据组织的职能，倒逼企业为了运营好数据中台而建设一套能与之匹配的数据中台组织。数据仓库则纯粹注重系统解决方案，并不涉及组织形态。

因此，简单来说，数据仓库重在建数据，而数据中台则将建、治、管、服放到同样的高度，数据仓库只是数据中台的一个子集。那我们为什么会从数据仓库发展到数据中台呢？因为传统的数据仓库已不能完全满足企业数据分析的需求。企业已从原来的统计分析转变为预测分析并提供标签、推荐等算法，从被动分析转变为主动分析，从非实时分析转变为实时分析，并且从结构化数据转变为结构化、半结构化和非结构化的多元化数据。

与数据中台相关的概念还有数据湖（Data Lake）。数据湖是一种数据存储理念，作为一个集中的存储库，它可以以自然格式存储任意规模的数据，包括来自关系数据库行和列的结构化数据，XML、JSON、日志等半结构化数据，电子邮件、文档等非结构化数据，以及图像、音视频等二进制数据，从而实现数据的集中式管理。目前 Hadoop 是最常见的实现数据湖概念的技术。比如 HBase 可让数据湖保存海量数据，Spark 可以使数据湖批量分析数据，而 Flink 等可让数据湖实时接入和处理 IoT（物联网）数据等。

BI（商业智能）是分析数据并获取洞察，进而帮助企业做出决策的一系列方法、技术和软件。相比数据仓库，BI 还包含数据挖掘、数据可视化等工具，并可支持用户在一定范围内任意组合维度与指标，从而上升到支持决策的层面，而不只是作为数据仓储。

数据中台也不等于大数据。数据中台是基于大数据、人工智能等技术构建的数据采、存、通、管、用的平台。数据中台需要以 Hadoop、Spark 等为代表的大数据处理技术作支撑，但绝不能将数据中台与大数据画等号。数据中台不只有大数据处理技术，还包括智能算法、与业务联动的特性、数据资产、数据工具等。

可以说数据中台是上述概念和技术的集大成者。

首先，大数据丰富的数据计算和存储技术为数据中台提供了强大的数据处理能力。

其次，数据中台作为企业数据的集结地，其底层也当然承载着数据湖的职能。

再次，数据仓库对数据的分域建模是数据中台的重要部分，它承载着将企业数据治理得井井有条的职能。

最后，基于强大的数据能力，结合业务场景提供实时、智能的服务和应用是数据中台的核心价值体现。

三、数据中台的价值

数据中台不等于大数据平台，数据中台的核心工作也不是将企业的数据全部收集起来做汇总就够了。数据中台的使命是利用大数据技术、通过全局规划来治理好企业的数据资产，让数据使用者能随时随地获取到可靠的数据。因此，数据中台一旦建成并持续运营，其价值将随着时间的推移将呈指数级增长。数据中台的价值众多，下面详述其中的三大价值。

（一）帮助企业建立数据标准

在有数据中台之前，企业基本不会有全局的数据标准，即使有相关的数据标准，由于没有数据中台这个实体形态，数据标准也无从执行。数据中台的建设天然会帮助企业建设数据标准，包括数据建设规范和数据消费规范。数据建设规范有诸如数据接入规范、数据建模规范、数据存储规范和数据安全规范等，数据消费规范包含数据权限规范、数据调用规范以及数据销毁规范等。这些标准都是建设数据中台时必须建立起来并依托数据中台去执行和落地的。

（二）促进中台组织的形成

无论多么宏伟的企业战略规划，都离不开一套科学合理的组织去落地执行。数据中台建设将是企业宏观战略规划的一个重要部分，那么在践行数据中台建设的过程中，摆在企业面前第一位的问题就是如何搭建一套能稳定护航数据中台建设及运营的数据中台班子。数据中台这种体系化工程将横向拉通企业数据相关方，包括中台建设团队、中台运维团队、数据产品经理团队、数据资产管理团队、数据运营团队等，组成标准的企业数据委员会，从而形成企业真正的中台组织。需要说明的是，中台组织可以是一个横跨各个业务部门的弱矩阵组织，也可以是一个完整的实体组织。这需要结合实际，因企业不同而异。

（三）促进降本增效

数据中台的终极价值是降本增效，无论是建设数据标准还是形成中台组织，其核心目标都是帮助企业达成战略规划。通过数据中台，可以更加合理地布局团队；数据从加工生产到使用的整个时间周期将大幅缩短；以中台之力拉通整合企业营销、交易、服务、库存、物流等一方数据，结合二方及三方数据，以全局视角，形成强大的数据资产，滋养各业务板块。同时有目的性地针对场景，设计出赋能场景的数据应用，帮助其从研、产、销等多个方面缩短产品研发周期，生产未来一段时间畅销的产品，精准找到愿意购买公司产品的群体，以至于增强用户对企业产品及服务的友好体验，提高用户对于企业品牌的忠诚度，降低企业运营过程中的损耗，压缩供应链端的周期等。

这些价值是企业一直以来孜孜追求的目标。

四、数据中台的架构

以下内容将介绍数据中台包括什么内容。企业建设数据中台的过程中哪些能力是必选项，哪些是可选的。

（一）数据中台的功能架构

数据中台建设是一个宏大的工程，涉及整体规划、组织搭建、中台落地与运营等方方面面的工作，以下重点从物理形态上讲述企业的数据中台应该如何搭建。一般来讲，企业的数据中台在物理形态上分为三个大层：工具平台层、数据资产层和数据应用层（如表 3-1 至表 3-3）。[①]

表 3-1 工具平台层

工具平台	数据开发平台				数据资产管理		标签工厂	ID-Mapping	机器学习平台	统一数据服务
	离线采集	实时采集	离线开发	实时开发	数据源管理	主题域模型管理	实时标签	ID 规则配置	模型训练	数据服务监控
	作业调度				算法模型管理	标签模型管理	模型标签	匹配规则配置	模型发布	应用市场
					指标体系管理	数据血缘追溯	算法标签	OneID 查询	可视化建模	API 生成
							标签服务			API 申请

表 3-2 数据资产层

数据资产	源数据模型			主题域模型		标签模型			算法模型		
	业务中台	三方API	摄像头数据	用户模型	交易模型	商品	门店	供应商	预测模型	推荐模型	流失预警预测
	前端埋点	后端埋点	IoT 数据	商品模型	营销模型	消费者	员工	设备	配补货模型	个性化推荐	……
				流量模型	渠道模型						

[①] 陈新宇，罗家鹰，江威，等．中台实践[M]．北京：机械工业出版社，2020．

表 3-3 数据应用层

数据应用	分析与决策应用		标签应用		智能应用						
	管理驾驶舱	数据看板	用户画像	用户圈选	会员流失预测	个性化推荐	销量预测	智能补货	供应链优化	反刷单	商品识别
			门店组货	经销商信用							智能客服

1. 工具平台层

工具平台层是数据中台的载体，包含大数据处理的基础能力技术，如集数据采集、数据存储、数据计算、数据安全等于一体的大数据平台；还包含建设数据中台的一系列工具，如离线或实时数据研发工具、数据联通工具、标签计算工具、算法平台工具、数据服务工具及自助分析工具。以上工具集基本覆盖了数据中台的数据加工过程。

（1）数据开发平台。大数据的4V特征决定了数据处理是一个复杂的工程。建设数据中台需要搭建数据中台的基建工具，要满足各种结构化、非结构化数据的采集、存储与处理，要根据场景处理离线和实时数据的计算与存储，要将一个个数据处理任务串联起来以保障数据的运转能赋能到业务端。因此，首先搭建一个大数据能力平台是非常有必要的。当然，可根据企业实际情况来决定是外采还是自建平台。

（2）数据资产管理。数据中台建设的成功与否，与数据资产是否管理有序有直接关系。数据中台是需要持续运营的。随着时间的推移，数据不断涌入数据中台，如果没有一套井然有序的数据资产平台进行管理，后果将不堪设想。

数据资产管理工具既能帮助企业合理评估、规范和治理信息资产，又可以发挥数据资产价值并促进数据资产持续增值。对于数据资产管理，我们不推荐事后管理，而要与数据研发的过程联动。也就是说，当数据经过数据开发平台加工的链路时，数据资产管理平台就已经无声无息地介入了。数据资产管理的首要任务是管理好进入数据中台的元数据，这里的元数据包括数据源、建设的各种模型、通过模型拆解出来的指标与标签以及调度作业。有序管理这些数据资产的元数据是前提条件，只有做好了这一步，才能继续进行数据流向的追溯，才能对指标、标签体系的生命周期进行管理，确定指标的使用频率，决定是否下线。

（3）标签工厂。标签工厂又称"标签平台"，是数据中台体系内的明星工具类产品。标签建设是数据中台走向数据业务化的关键步骤。因此，一个强大的标签工厂是数据中台价值体现的有力保障。严格来说，标签工厂也属于数据开发平台的一部分，为什么我们要把它单独剥离出来讲呢？这是因为标签的使用场景非常丰富，标签与业务结合得非常紧密；同时，标签数据的存储与分析型数据的存储有一定的差异。

标签工厂致力于屏蔽底层复杂的大数据框架，面向普通开发人员、数据分析师、运营人员提供友好的界面交互配置，完成标签的全生命周期管理；同时，对上层业务系统提供自身 API 能力，与各业务系统形成数据闭环。

标签工厂按功能一般分为两部分：底层的标签计算引擎和上层的标签配置与管理门户。标签计算引擎一般会采用 MapReduce、Spark、Flink 等大数据计算框架，而计算后的标签存储可采用 Elasticsearch 或者 HBase，这样存储的好处是便于快速检索。而标签配置与管理门户则支持通过配置标签规则并提交到标签计算引擎，这样就能定时算出所需要的标签。标签配置和管理门户还提供标准的标签服务申请与调用。通过标签工厂，数据中台团队可减少大量的数据开发工作。

（4）ID-Mapping。ID-Mapping 又称"ID 打通工具"，是数据中台建设的可选项。可选不代表不重要，在一些多渠道、多触点的新零售企业，离开了这个工具，数据质量将大打折扣。举个例子，消费者在逛街的时候看到一款剃须刀，扫了店内的二维码，正准备下单购买时被朋友的电话中断了。回到家，打开抖音又看到这个剃须刀的广告，便立即打开链接下单购买了。这样的场景在生活中比比皆是，其中隐藏了很多的消费者信息，如果我们不去打通 ID，那么可能会将同一个用户当作四个用户来处理。实际上可以将扫描二维码记录留下的 OpenID、抖音注册留下的微信号、下单提供的订单手机号码及注册账号等多条信息结合起来，判别是不是同一个人。这样给这个消费者打标签或者推荐商品就会更加精准。

ID-Mapping 功能的建设一般会利用强大的图计算功能，通过两两之间的关系实现互通，自动高效地将关联的身份映射为同一身份即唯一 ID。它能大幅度降低处理成本，提高效率，挖掘更多用户信息，形成更完整的画像，大大利于数字营销的推进。另外，ID-Mapping 工具也可用于企业主数据治理。

（5）机器学习平台。在整个机器学习的工作流中，模型训练的代码开发只是其中一部分。除此之外，数据准备、数据清洗、数据标注、特征提取、超参数的选择与优化、训练任务的监控、模型的发布与集成、日志的回收等，都是流程中不可或缺的部分。机器学习平台支持训练数据的高质量采集与高效标注，内置预训练模型，封装机器学习算法，通过可视化拖曳实现模型训练，支持从数据处理、模型训练、模型部署为在线预测服务，通过RESTful API的形式与业务应用集成，实现预测，打通机器学习全链路，帮助企业更好地完成传统机器学习和深度学习的落地。

（6）统一数据服务。统一数据服务旨在为企业搭建统一的数据服务门户，帮助企业提升数据资产的价值，同时保证数据的可靠性、安全性和有效性。统一数据服务支持通过界面配置的方式构建API和数据服务接口，以满足不同数据的使用场景，同时降低数据的开发门槛，帮助企业实现数据应用价值最大化。统一数据服务作为唯一的数据服务出口，实现了数据的统一市场化管理，在有效降低数据开放门槛的同时，保障了数据开放的安全。

2. 数据资产层

数据资产层是数据中台的核心层，它依托工具平台层，那么这一层又有什么内容呢？答案是因企业的业务与行业而异，但总体来讲，可以划分为主题域模型区、标签模型区和算法模型区。

（1）主题域模型。主题域模型是指面向业务分析，将业务过程或维度进行抽象的集合。业务过程可以概括为一个个不可拆分的行为事件，如订单、合同、营销等。为了保障整个体系的生命力，主题域即数据域需要进行抽象提炼，并且长期维护和更新，但是不轻易变动。在划分数据域时，既要涵盖当前所有业务的需求，又要保证新业务能够无影响地在已有的数据域中或者很容易扩展新的数据域中被包含。

数据域划分需要先对业务系统进行充分调研。将业务过程划分到哪个数据域没有绝对的对错，但是会影响报表开发人员定位数据的效率，所以还需要从开发人员定位效率的角度来进行综合划分。

（2）标签模型。标签模型的设计与主题域模型方法大同小异，同样需要结合业务过程进行设计，需要充分理解业务过程。标签一般会涉及企业经营过程中的实体对象，如会员、商品、门店、经销商等。这些主体一般穿插在各个业务流程中，如会员一般都穿插在关注、注册、浏览、下单、评价、服务等环节。那么在设计标签的时候就需要充分理解这些业务流程，在流程中发现标签的应用点，结合这些应用点来搭建企业的标签体系。

标签模型按计算模式一般分为客观标签和主观标签，客观标签是可以量化的，而主观标签是不可量化的。根据实现方式又可以将标签分为事实标签、模型标签、算法标签等，根据业务场景还可将标签分为基础信息标签、偏好标签、价值标签等。

设计标签模型时标签模型一定要具有可扩展性是非常关键的要素。毕竟标签这种数据资产是需要持续运营的，也是有生命周期的，在运营的过程中随时可能增加新的标签。

（3）算法模型。算法模型更加贴近业务场景。在设计算法模型的时候要反复推演算法模型使用的场景，包括模型的冷启动等问题。整个模型搭建过程包含定场景、数据源准备、特征工程、模型设计、模型训练、正式上线、参数调整7个环节。

以新零售企业为例，常用的机器学习算法有决策树、神经网络、关联规则、聚类、贝叶斯、支持向量机等。这些算法已经非常成熟，可以用来实现商品个性化推荐、销量预测、流失预测、商品组合优化等新零售场景的算法模型。

3. 数据应用层

数据应用层严格来说不属于数据中台的范畴，但数据中台的使命就是为业务赋能，几乎所有企业在建设数据中台的同时都已规划好数据应用。数据应用可按数据使用场景来划分为以下多个使用领域。

（1）分析与决策应用。分析与决策应用主要面向企业的领导、运营人员等角色，基于企业的业务背景和数据分析诉求，针对客户拉新、老客运营、销售能力评估等分析场景，通过主题域模型、标签模型和算法模型，为企业提供可视化分析专题。用户在分析与决策应用中快速获取企业现状和面临的问题，同时可对数据进行钻取、联动分析等，深度分析企业问题及其原因，从而辅助企业进行管理和决策，实现精准管理和智能决策。

在分析专题设计的过程中，首先需要根据不同的业务分析场景，采用不同的分析方法进行数据分析的前期规划，搭建清晰的数据分析框架，如在用户行为分析、营销活动等场景下，采用 5W2H 分析法和 4P 营销理论；在复购客户下降、客单价下降等问题诊断分析场景，需要考虑问题与哪些因素有关，则采用逻辑树分析法。在数据分析框架构建完成后，结合用户的分析目的，采用不同的分析思路和呈现方式，包括趋势分析、多维分解、漏斗分析、A/B 测试、对比分析和交叉分析等。

（2）标签应用。标签旨在挖掘实体对象（如客户、商品等）的特征，将数据转化成真正对业务有价值的产物并对外提供标签数据服务，多应用于客户圈选、精准营销和个性化推荐等场景，从而实现资产变现，并不断扩大资产价值。

标签体系的设计立足于标签使用场景，不同使用场景对标签需求是不同的，譬如在客户个性化推荐场景下，需要客户性别、近期关注商品类型、消费能力和消费习惯等标签。因此，在标签体系设计前，需要先基于业务需求分析标签的使用场景，再详细设计标签体系和规则。在标签的使用过程中，可利用 A/B 测试等数据分析方式，持续分析标签的使用效果，并优化标签体系和规则。

（3）智能应用。智能应用是数智化的一个典型外在表现。比如在营销领域，不仅可实现千人千面的用户个性化推荐，如猜你喜欢、加购推荐等，还可借助智能营销工具进行高精准度的用户触达，推动首购转化、二购促进、流失挽留等。在供应链领域，可通过数据中台整合用户数据、销售数据、采购数据等优化库存，实现自动配补货、自动定价。除了传统统计分析、机器学习之外，还可以融入深度学习，实现以图搜图并与商城打通，实现拍立购；实现人脸识别，用于地产行业的案场风控；融入自然语言处理，实现智能客服问答机器人；等等。

总之，以上各层是数据中台的核心内容。需要指出的是，在工具平台层，企业并不需要完全自主建设，可以考虑采用拿来主义，从中台建设厂商采购成熟的产品，而数据资产层与数据应用层是企业数据中台组织需要密切关注的。

（二）数据中台的技术架构

随着大数据与人工智能技术的不断迭代以及商业大数据工具产品的推出，数据中台的架构设计大可不必从零开始，可以采购一站式的研发平台产品，或者基于一些开源产品进行组装。企业可根据自身情况进行权衡，但无论采用哪种方案，数据中台的架构设计要以满足当前数据处理的全场景为基准。

1. 数据采集层

按数据的实时性，数据采集分为离线采集和实时采集。离线采集使用 DataX 和 Sqoop，实时采集使用 Kafka Connect、Flume、Kafka。

在离线数据采集中，建议使用 DataX 和 Sqoop 相结合。DataX 适合用在数据量较小且采用非关系型数据库的场景，部署方式很简单。Sqoop 适合用在数据量较大且采用关系型数据库的场景。

在实时数据采集中，对于数据库的变更数据，如 MySQL 的 binlog、Oracle 的 OGG，使用 Kafka Connect 进行数据的实时采集。对于其他数据，先将数据实时写成文件，然后采用 Flume 对文件内容进行实时采集。将实时采集后的数据推送至 Kafka，由 Flink 进行数据处理。

2. 数据计算层

数据计算采用 YARN 作为各种计算框架部署的执行调度平台，计算框架有 MapReduce、Spark 及 Spark SQL、Flink、SparkMLlib 等。

MapReduce 是最早开源的大数据计算框架，它虽然现在性能相对较差，但它的资源占用比较小，尤其是内存方面。因此，存在部分数据量过大，而其他计算框架由于硬件资源的限制（主要是内存限制）而无法执行的场景，可以将 MapReduce 作为备选框架。Spark 及 Spark SQL 是在批处理方面拥有出色性能的成熟技术方案，适合大部分的离线处理场景。特别是在离线数据建模方面，建议使用 Spark SQL 进行数据处理，既能保证易用性，又能保证处理的性能。Flink 是实时数据处理方面的首选，在处理的时效性、性能和易用性方面都有很大优势。

而机器学习一般采用 Spark 家族的 Spark MLlib 为技术底座。Spark MLlib 内置了大量的常规算法包，如随机森林、逻辑回归、决策树等，可以满足大部分数据智能应用场景。同时，数据中台不断进化，也逐渐融入 AI 能力。如人脸识别、以图搜图、智能客服等能力的实现就需要 AI 平台。目前较为成熟的 AI 平台有 TensorFlow 及 PyTorch。为实现物体的检测和识别，可使用 SSD、YOLO 和 ResNet 等深度学习模型，而在人脸检测和识别中则主要使用 MTCNN、RetinaNet 和 ResNet，人脸检索可使用 Facebook 开源的针对人脸检索的 Faiss 框架。

3. 数据存储层

数据存储层所有的存储引擎都基于 Hadoop 的 HDFS 分布式存储，从而达到数据多份冗余和充分利用物理层多磁盘的 I/O 性能。在 HDFS 上分别搭建 Hive、HBase 作为存储数据库，在这两个数据库的基础上再搭建 Impala、Phoenix、Presto 引擎。

Hive 为大数据广泛使用的离线数据存储平台，用于存储数据中台的全量数据，在建模阶段可以使用 Hive SQL、Spark SQL 进行数据处理和建模。HBase 为主流的大数据 NoSQL，适合数据的快速实时读写。在实时数据处理时，可将数据实时保存到 HBase 中，并且可以从 HBase 中实时读取数据，从而满足数据的时效性。

Impala 可以对 Hive、HBase 等大数据数据库进行准实时的数据分析，能满足对分析结果速度有一定要求的场景。

Phoenix 是构建在 HBase 上的一个 SQL 层，能让我们用标准的 JDBC API 而不是 HBase 客户端 API 来创建表、插入数据和对 HBase 数据进行查询。

Presto 是一个开源的分布式 SQL 查询引擎，适用于交互式分析查询。Presto 支持 Hive、HBase、MySQL 等多种关系型和大数据数据库的查询，并且支持 join 表。对于对接自助分析和统一数据服务的场景，可以通过 Presto 来统一访问具体存储的数据库，从而达到语法统一和数据源统一。

4. 数据服务层

数据服务层采用的技术与业务应用类似，主要基于开源 Spring Cloud、Spring Boot 等构建，使用统一的服务网关。

第二节 数据中台的建设应用

一、数据中台建设的三大核心要素

从数据中台的使用价值出发，其建设内容应具备三大核心要素，缺一不可。

（一）数据资产治理

当企业市场存量变小，传统粗放的经营模式已不能为企业带来经济增长时，企业信息化建设被提上日程。电子管理系统帮助企业初步实现了组织架构调整和信息化部署。而此时，外部市场增量仍被继续压缩，简单的市场推广不再奏效，以数字化驱动前端业务快速创新并降低内部成本便是数据中台的最大优势。

维护数据、提供数据服务以驱动业务增长的工作往往由企业 IT 部门完成。其中，数据资产的沉淀是至关重要的。因此，在数据中台的建设前期，需要通过传统的信息化管理软件及新型数据融合技术，将企业的内外部数据进行串联，通过盘点、规划，呈现所有的数据资源；通过大数据开发工具打通、整理数据，包括探查数据血缘关系、保障数据安全。

数据资产治理离不开数据模型管理，模型管理能够帮助中台统一数据字段命名，形成统一的开发规范，实现有效的数据识别。经过以上多重数据治理，可形成供企业复用的数据资产。另外，由于企业业务及产品不同，每家企业通过软件技术搭建的数据中台架构也存在差异，并没有通用或标准的数据中台架构。企业组建中台架构需要以自身的信息化建设为基础，综合考虑数据体量、业务特性等。

（二）共享数据服务

在数据中台底层技术架构搭建完成并形成可被调用的数据资产后，还需要根据业务部门的需求构建数据模型，以便为前端业务团队提供可统一调配、共享的智能化数据服务。共享数据服务可以为前端业务提供安全可靠、操作便捷、规范统一、延展灵活的技术支持，为前端用户、产品研发、客户服务、市场营销等提供标签提取，从而为精准营销、用户画像等不同方面的应用提供数据参考。

（三）数据智能应用

数据中台最终的应用方向是为企业提供提升效率、降低成本、创新业务的核心推动力。因此，在完成数据中台底层技术架构及数据治理工作后，数据智能应用便成为考验中台实力的试金石，它能检验数据中台能否通过数据能力，如实时查询能力、批量处理能力、报表展示能力、数据安全能力、数据管理能力等，帮助业务人员完成数据的智能提取和应用工作，帮助企业掌握数字化转型的趋势并制定发展策略。

数据工程师、业务人员可以基于数据中台的交互模式，统一数据处理流程，实现中台内数据的自助处理，加快数据驱动业务的进度。同时，各种数据的关联分析和分析结果的统一为企业在数据智能应用方面提供了更为客观的分析维度。

二、数据中台的规划设计思考

如何判断一个平台是不是数据中台？数据中台应该具备什么样的能力？我们通过找寻这两个问题的答案，来探索中台架构的设计理念。在作者看来，以为用户提供持续不断的业务产品创新为建设目标，将后端管理系统等各种资源转化为便于前端业务持续复用的能力，便是数据中台存在的意义。转向2B业务、提供技术输出和工业转型方案的互联网巨头，在信息化领域多年的传统IT厂商，或持续深耕企业数字化服务的技术型创业公司，在制定数字化转型解决方案时都需要深入思考这两个问题。

（一）思考1：梳理基础业务关系，为建设提供全局思维

企业建设数据中台时需要考量自身的业务特性及数据体量。在建设数据中台之前，企业需要先梳理内部的业务关系，确定建设方向。

例如，数据部门与业务部门需要协同合作，梳理业务类型、业务领域边界、各个业务领域需要的基础服务，以及业务领域之间的连接标准，制定或完善统一的业务能力标准、运营机制、业务分析方法、业务执行框架并提供运营服务的团队组织架构。

基础业务关系经过梳理后形成的业务全景图可以帮助中台架构建设人员和前端业务人员更好地理解业务标准、业务需求。业务全景图不仅可以指导数据部门建设数据中台，还为搭建数据中台架构提供了实施标准和管控标准。

（二）思考2：注重能力沉淀，保持延展性

数据中台架构的搭建、完善、应用须着重于沉淀数据能力，中台建设须具备延展性，为企业未来业务拓展及新产品研发提供更多的数据支持，从而让企业持续快速地奔跑。但企业数据能力的沉淀并不是一蹴而就的，必定要经历由局部优化到全局优化、在应用中逐步完善的过程。

行业消费属性不同，企业的经营侧重点也会不同。比如高库存、高消耗的服装行业经营侧重点在于供应链。在传统服装企业的运营模式下，一线营销端的数据不是实时更新的，无法为供应链提供及时的数据支持。因此，整合供应链端数据，达到与营销端数据实时更新，成为服装行业进行数字化转型的第一要务。在

完成供应链与营销端的数据更新后,服装企业的市场部门、运营部门、管理部门等非核心业务部门可以逐步进行数字化变革,最终完成全局变革。

其他企业亦可根据业务重点进行数字化转型,先从局部入手,建设适配的、可延展的数据中台,从而满足未来由局部业务向全面业务延伸而产生的数据需求。

尽管经过了前期业务关系的梳理及数字化战略实施标准的规范,但中台架构是否符合企业最终的应用需求,能为前端业务贡献多少价值,仍须在业务应用过程中进行评估。

三、数据的组织能力建设

可持续发展是每个参与市场竞争的企业的奋斗目标,但当企业发展到一定规模时,总会由于环境或自身条件的限制碰到成长瓶颈。当然,这并不意味着企业将一蹶不振,只要解决抑制成长的问题、避免业绩下滑、挖掘新的核心竞争力和发展动力,企业仍然能够再次实现持续增长。

在数字经济时代,新型数字技术将成为企业提升持续竞争优势的主要动力。数字化转型已成为企业在数字时代寻求业务突破的有力抓手。而企业是否具备数据组织能力,是其数字化变革能否成功的重要考量因素。

在传统的管理理念中,企业成功的标准是具备正确的战略方针与优秀的组织能力。组织能力指的是团队能够发挥整体战斗力,能够在某些方面明显超越竞争对手、创造更高价值。而在数字化浪潮席卷各行业的今天,企业成功的关键因素已不再是难以模仿的组织能力,而是对数据管理与应用进行自如管控的数据组织能力。

企业在进行数字化转型的过程中,需要知道数据价值的提取过程并不是技术层面的问题,而是一种数据应用的思维模式,是一种组织能力。从管理层到一线团队都应该思考企业需要的数据在哪里、怎样才能获得数据、应该如何使用数据。解决这三个问题的过程就是企业发挥数据价值的探索过程,这一过程需要企业内部多部门协同联动,发挥各自的效用。

在数字化转型过程中,企业需要做到以下几点:赋能技术创新、业务引导,处理好内外部各类数据之间的关系,让底层数据架构更丰富;建立业务部门、技术部门、市场运营部门之间的数据汇聚和动态关联的关系;在数据层面和业务层面共建各部门间的数据能力和数据服务；在行业标准参差不齐的情况下，建立规范化、统一化的数据标准，提升数据质量。

企业的数据组织能力具体体现在以下几个方面。

（一）企业自身的数据问题与状态

企业需要清楚地了解自身拥有数据的量级，知道数据的价值以及数据应用率，根据这些数据能否形成有利于企业发展的数据资产，评测是否值得通过数字技术进行挖掘。因此，企业需要明确数据存储情况，利用组织能力将其沉淀、挖掘和利用。

（二）外部数据的连接与应用能力

一些涉及消费场景变化、行业发展趋势分析等动态数据的应用是需要借助外部数据完成的。因此，连接和打通外部数据、实现内外部数据共享，也是企业在发展过程中必备的组织能力。

（三）数据与商业场景融合的能力

数据的获取渠道和应用方向多种多样，例如 C 端消费数据可从各种消费场景中获取，B 端生产数据可从车间作业的信息管理系统中获取，并应用于业务部门及管理运营部门。

有些数据对提升内部生产效率、降低成本助力颇大，有些数据可助力产品研发、业务拓展，有些数据可用于挖掘合作客户的价值，有些数据能够为市场营销部门赋能，甚至有些数据可完成上下游产业链的整合，为企业并购、整合、投资提供参考建议。发挥数据价值需要从前端应用进行思考，首先思考企业该匹配什么样的数据组织能力，进而调配资源、配备技术、汇聚能力，包括资本引入、品牌打造、人才培养、技术引进，从而帮助企业深入推进数字化转型。

四、数据中台的建设思路

数据中台是商业模式从 IT 时代进入 DT 时代的必然产物，是从流程驱动转向数据驱动的必然结果。以数据中台为导向，凭借数据证明或判断决策，形成数据服务思维，最终实现企业数字化转型。

数据中台建设模式颠覆了传统的数据架构建设模式，它从数据信息出发，注重与业务部门的具体情况相结合，合理运用资源，提高服务效率。

如图 3-1 所示，是新型数据中台建设思路与传统数据架构建设思路的对比，展现了数据架构建设思路的原理。

传统数据架构建设思路——"建治用"　　　新型数据中台建设思路——"用治建"

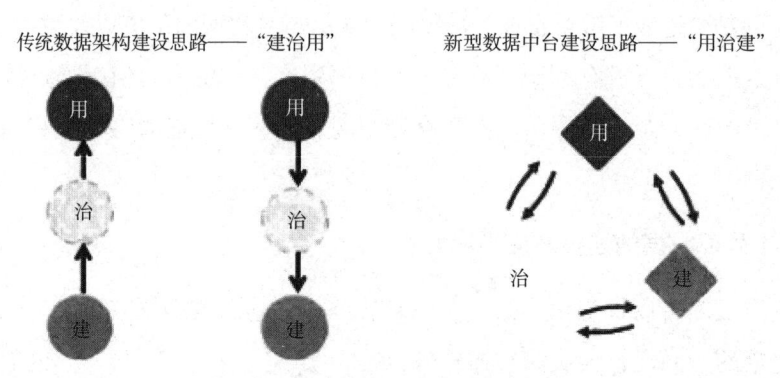

图 3-1　数据中台建设思路对比

（一）传统数据架构的建设思路——"建治用"

传统的数据架构建设模式并不注重与业务部门具体情况的结合，只是单纯地遵循数据"建治用"的思路——先构建数据架构，然后对数据进行治理，最后考虑数据的具体应用。比如，企业会从 IaaS（基础设施即服务）层到不同的 PaaS（平台即服务）层，到 DaaS（数据即服务）层，再到 SaaS（软件即服务）层等进行建设。部分企业在传统的数据架构建设过程中难免会走错方向。一些公司会先利用云技术进行数据迁云，将数据打通，然后再治理数据，制作报表，之后再开发各种应用。这种建设思路花费的周期较长，企业可能会因长时间看不到业务的价值而停止建设。

因此，企业需要一种更为敏捷的方式来建设数据架构，用效果来检验建设方式的科学性，即从数据应用角度出发，思考如何治理数据。

（二）新型数据中台的建设思路——"用治建"

新型数据中台建设模式是通过梳理数据应用方向，推动数据治理，最终搭建一个完整的数据中台架构，以快速响应企业多变的业务需求。

（三）企业规划建设数据中台架构的建议

企业可从以下三点规划数据中台架构的建设思路。

1. 梳理战略地图、业务地图与应用地图

一些公司在建设数据中台的时候，无法利用数据资源挖掘能为业务创收的部分，不能达到架构搭建的预期效果。因此，企业在搭建数据中台时，相关人员需要通过对数据应用进行梳理，解决业务部门的各种问题，从而实现降本、增效、创收的目的。同时，企业数字化团队需要根据企业发展规划构建战略地图，根据业务发展方向及维度构建业务地图和应用地图，并通过应用地图清晰地治理数据，管理整个数据体系。

2. 确定数据治理路线

企业在完成应用地图的梳理后，进行人员和资本配置投入开发时，鉴于资源和人手有限，可以先基于应用地图梳理出的部分数据进行治理，从而构建数据地图。在企业数字化转型的过程中，决定资源调配及资金配给的往往是企业领导层，而他们在进行决策时往往会忽视数据分析的作用。因此，企业的CDO需要通过与领导层沟通，确定数据治理团队的人员配给及资源供给，从而顺利确定数据治理路线。

CDO可以以电子邮件、视频会议或头脑风暴等方式向下级传输已经确定完成的数据治理路线，使技术人员及业务人员熟悉数据治理的内容和要求，提高数据的利用价值、扩大数据的影响范围。

3. 推动新型数据中台架构建设

某些公司在构建数据中台的过程中，担心数据中台会造成新的"烟囱"。所以，新型数据中台架构的建设要满足开放性、可扩展性、长期性的特点。基于开放的数据中台架构，技术功能和应用列表等内容可以随着业务的发展进行增加或删减。这种新型数据中台架构，避免了在应用过程中为适应前端业务部门需求不断更改架构而影响底层数据流通及应用的情况，具备高度的灵活性和可扩展性，可以帮助企业随时进行数据治理及应用，真正实现数字化转型。

可见，"建治用"的传统数据架构建设思路已经无法满足用户的需求，而"用治建"的新型数据中台建设思路将作为未来主流的数据架构建设思路渐渐被各类数字化转型企业广泛采用。

五、数据治理和数据中台搭建的误区

虽然数据中台越来越被市场认同，但参与主体仍对其缺少系统的了解，对一些核心问题的处理仍不得要领。

（一）数据治理的误区

在数据中台的建设过程中，数据治理作为数据资产形成的前期工作，可谓数据中台建设质量及成果评估的关键。因此，企业非常有必要了解数据治理的三个误区，少走弯路。

1. 数据治理可以短期见效

数据治理方面的第一个误区便是认为数据治理是可以短期见效的。

数据治理是一项长期而繁杂的工作，是数据中台建设过程中最基础也最重要的一步。很多时候，经过多项整合、清洗、归集后，数据治理似乎已初见成效，但应用业务时却发现数据无法真正落地，更无法驱动业务。可见，企业在数据治理过程中存在一些误区，会令数据治理过程漫长且效果不佳。导致这种现象的一个原因就是企业内部缺失数据管理，对数据变现价值抱有期待，但并不清楚如何智能化管理数据。

面对这种情况，企业可通过小型数据应用项目对数据架构、数据质量、数据处理能力进行全面摸排，为后期真正的数据治理提供依据。在数据情况探查清楚后，可由专业的数据中台服务商制定切实可行的数据治理方案，指导技术人员和业务人员协同配合，缩短数据治理见效时间。

2. 数据治理是技术部门的事情

数据治理方面的第二个误区便是认为数据治理及中台架构建设是技术部门的事情，与业务人员无关，也与企业管理层无关。

企业数字化转型是一场涉及组织、业务、技术等多个部门的战略变革。数据中台建设的最终目的是赋能业务，为数据变现提供动力。而技术人员长期专注于提升技术能力，对业务需求、痛点把握不足。不考虑业务需求的中台建设会远离本源。没有企业中台战略的资源支持，数字化转型仅由技术部门推动，数字化转型力度不足，易造成转型中途夭折。

数据本身是由业务产生的，提升数据质量离不开业务发展。业务领域多，数据来源渠道也多，统一数据口径需要先统一业务术语；业务需求多，数据报表不完善会导致基础数据采集出错。因此，企业进行数据治理涉及的部门一定是涵盖业务部门、技术部门甚至管理层的多维组织架构，这样才能使数据治理真正落地。

3. 数据治理是简单的工具配置与叠加

数据治理方面的第三个误区是企业认为数据治理只是简单的工具配置及叠加。

一些企业可能会认为通过治理工具将数据进行简单的"冲洗"，数据便会条理清晰、干净可用。其实不然，数据治理包含组织架构调整、治理流程的制定、工具的配置、现场技术人员的实施、业务部门的协同配合等。人员调用及安排是数据治理的前提，只有将专业、合适的人员安排到合适的位置，才能让他们真正发挥作用；只有具有清晰的行动指令及执行流程，企业的数据治理才能有效果。

（二）搭建中台架构的误区

1. 仅搭建平台

数据中台建设仅仅是企业IT变革的起点，建设一个项目或者搭建一个平台并不能解决企业数字化转型中遇到的所有问题。

数据中台是企业数字化变革的关键，企业在决定进行数字化转型时便要根据数据规模和应用需求制定全套的战略规划，要将建设中台作为一项涉及公司全部业务流程、自上而下进行变革的工程来执行。

2. 中台架构简单，无须完善

很多公司由于经费有限、人员不足及数字化转型的决心不足，在初定中台建设方案时希望先从价格便宜、功能简单的架构开始，慢慢再过渡到结构复杂、数据全面的技术架构。简单的开源软件并不能帮助企业解决所有的数字化转型问题，其中某些专业的算法研发、模型建立需要专业的技术人才才能实现。

企业在建设数据中台的过程中，往往需要通过一些试验性的项目对数据中台的技术性能进行验证。试点项目的结果会决定数据中台架构整体的调整方向，如技术升级、业务调整、组织变革等都需要做相应的变动。

3. 按照个人想法建设数据中台

第三个误区的核心在于对中台的理解。进入这种误区的表现是建设数据中台的人并不知道数据中台到底是什么,没有完全理解中台的意义,更没有感受到它的功能所在,只是遵照个人的想法及理解来建设中台。这种中台建设的思想和目标本身就是偏离目的的,不管团队再怎么努力,最终的结果一定会与最初的想法大相径庭。这种错误导致中台不能落地的案例数不胜数。

4. 为了建数据中台而建

第四个误区是为了建数据中台而建。有的企业误将建设数据中台本身作为转型目的,为了达到这个目的而建设数据中台。其实数据中台只是一个用来完成数字化转型的手段。

企业之所以想要完成数字化转型,根本目的是实现业绩大幅提升,降本增效,而这一目的的实现需要借助一些工具和手段。这就好比读书,我们希望通过读书来掌握更多的知识,更深层次地了解世界,此时,书就是一种工具,读书是为了掌握更多知识而采用的手段,并不是最终目的。任何人做任何事,都是基于目的做决策,目的选错了,那接下来一切为了实现目的而做的努力都是徒劳的。

5. 数据中台只能满足短期业务需求

第五个误区是认为中台只能满足短期业务需求。有的企业领导人认为通过数据中台进行数据应用只能满足当前的业务需求,不能满足未来两年到三年甚至更长远的业务需求。他们有这样的想法,是因为没有真正参与数据中台的实施和落地,这导致他们只能看到问题的表象,并没有看透内在的实质。

技术架构的价值是不可能一眼就看穿的,对于一般的 SaaS 软件,如果选错了可以很快更换,成本可控,但如果做 PasS 基础设施中台,一旦底座选错,后果会十分严重。

6. 仅以 IT 思维建设数据中台

第六个误区是只使用 IT 思维建设中台,没有使用 DT 思维。过去,IT 思维主要体现在两方面,一方面是企业将数据中台做成数据仓库,虽然采用了更先进的方式来管理数据,但其实 IT 服务部门的业务模式和方法体系都没有发生改变,这种管理方式只是减轻了一部分 IT 人员的工作量,这在实质上完全不是驱动业务的中台,并不能改变服务方式和业务模式。企业虽然做了中台,但只有部分 IT 人员受益。

IT思维的另一个方面体现在想法不开放，觉得什么事情都可以自己开发自己做，这是一种非常可怕的想法。术业有专攻，每个生产环节都有自己的复杂性。现在不少公司会斥巨资购买ERP软件，而在以前，很多公司认为自己就能开发ERP，但是结果证明，到最后做的软件没什么用，还耗费了大量的人力成本和时间成本，尤其是时间成本，对于迫切需要改变的业务单元来说，造成的损失是难以估量的。

企业要想自己做DT应用，需要具备两个重要条件。第一是时间，企业需要充足的时间和精力去研发系统，但是研发周期长可能让企业错过数字化转型的时机，企业须谨记实现快速响应业务需求才是首要目标。第二是团队，研发DT应用需要一个团队深入每个环节。

7. 数据中台体系过于技术化

第七个误区是数据中台体系过于技术化。一些企业购买了很多IT系统，但由于选错工具致使业务价值不明显。这不仅体现在中台上，也体现在各种业务线上。一些企业有近百套系统，都是十几年来一个个开发或购买的，这些系统放在今天，很多已经不是企业的正向资产，而变成了企业的负担。然而企业应对乏术，经常被这种错综复杂的历史问题弄得焦头烂额。遇到这种情况，当务之急是尽快从问题里跳出来，否则问题就像一团乱麻，无从下手。

技术体系越来越专业却不能满足业务需求，这是一种常见的误区。技术体系包含大数据、人工智能、业务系统、业务中台等各种专有名词。在一个领域研究越久，就会变得越专业，但在其他方面可能是越来越封闭。换句话说，企业在构建自己的体系时没有从业务的视角考虑，这也是业务部门对此往往不满意的原因。大家提出的概念都很专业，但都没有很好地理解对方所表达的意思。

经营公司的本质是要面向业务，而业务都是面向用户的，因此最终是以用户为中心，而不是以自己的专业为中心来做事。虽然这个道理大家都懂，但在具体执行的时候，就会发现很多地方还是在走老路。这也是很多公司虽然在技术方面的投入比互联网公司多，但是智能化程度根本无法与互联网公司相比的原因。大家越来越专业，导致鸿沟越来越明显，无法做到扁平化、一体化、真正以用户为中心。

六、构建数据中台的挑战

构建数据中台是一个复杂的系统工程,并且数据中台不像有些系统,一次建设,一劳永逸。企业需要做好充分的持久战准备,组织好运营数据中台的中台团队,为数据中台保驾护航。

因此,在建设数据中台的过程中,各企业可能都会面临诸多挑战,比如:

如何真正体现出数据中台对于企业的核心价值?

建设企业的数据中台到底应该组建什么样的团队?

到底什么样的建设路径才是更适合企业的?

下面将围绕这些问题一一探讨。

(一)价值挑战

建设数据中台的意义是什么?数据中台预计能为企业的业务开展和拓展带来哪些收益?数据中台预计能降低多少企业的支出成本?

这些问题都是我们在决定建设数据中台时首先要考虑的问题。数据中台带来的价值分为三个层面:IT价值、业务价值和战略价值。

IT价值是企业IT部门最关注的。企业散落在各地的数据无法有序集成与整合,自然就不能有序地对外输出。没有数据中台强大的数据整合能力,那么IT部门就很难创造价值。

但数据中台只有IT价值仍然不够,企业的所有IT建设都是为业务服务的。只有满足了各个业务部门业务运营的赋能,才能体现出数据中台的价值。例如,市场推广部门利用数据中台提供的全渠道投放数据进行横向对比,来制定下个月、下个季度、下个年度的推广策略;营销部门利用数据中台收集的消费者画像进行精准营销,使ROI最大化。

战略价值是企业决策者一直孜孜以求的目标。企业的未来该如何走,要不要拓展新业务,什么时候拓展,数据中台能提供什么样的数字资产,这些都是在数据中台建设初期就需要考虑和规划完必的。

如果没有事先全面地考虑这些问题,那么在数据中台建设过程中可能会遇到来自各方面的挑战和阻力。

（二）成本挑战

前面讲到数据中台面对的价值挑战，那么如何进行建设数据中台的成本预算呢？需要配置什么样的团队才能确保数据中台正常运转？是否需要请专业的公司来进行规划和建设？这些都需要进行系统的规划。

七、构建数据中台的阶段与路径

构建企业的中台需要站在高屋建瓴的视角，中台建设绝不是建设一个应用程序那么简单，或者建设一个报表系统那么直接。构建企业的数据中台也不例外。这是一个系统工程，包括从企业的大数据战略解读、当前所面临的数据痛点及未来几年的业务创新点分析，到技术选型、中台建设模式决策，甚至倒逼不合理的业务系统进行重构等方方面面的工作。

因此，我们建议在构建企业的数据中台时，应结合企业当前的组织现状、IT信息化现状、数据潜在应用等多个方面来考虑建设策略。

数据中台的建设是企业的系统工程，一定要站在高屋建瓴的视角来统筹规划。那么在规划的时候需要考虑哪些问题呢？需要整理企业的数据建设现状，已存在哪些数据成果，这可以大致分为以下三个方面：

一是估算企业现有的数据总量，来推导数据中台底层的硬件配置；

二是根据数据体量和数据场景需要规划使用什么技术栈；

三是结合实际情况规划数据中台建设路径。

（一）构建数据中台的阶段

第一阶段：定规范，建平台，小闭环试点。这一阶段以搭平台为主，以某一领域数据应用为切入点，进行小范围试点，快速验证数据中台的价值。

第二阶段：全域建设，夯实数据资产。在第一阶段的基础设施之上全面铺开，可覆盖企业主要数据域进行建设，夯实企业全局数据资产，做好数据资产管理工作，并持续围绕业务痛点进行赋能。

第三阶段：运营数据资产，价值变现。以第二阶段的数据资产建设成果为基础，持续运营数据资产，赋能业务。借助资产监控工具及时下线无用的数据资产，深度运营使用率较高的数据资产。

（二）构建数据中台的路径

根据业务开展的阶段不同，企业建设数据中台的路径选择可能不太一样，总体而言，有以下三种路径。

1. 业务中台与数据中台并行

在数字经济时代，各行各业追求数字化创新的场景层出不穷，灵活多变的业务场景所依托的信息化建设已无法将业务建设与数据建设剥离开。业务数据化和数据业务化的过程会同时完成。从大量的企业数字中台建设经验来看，业务中台与数据中台并行建设是最优实践路径。

因此，在创新场景随时可能发生的企业，一定要时刻保持业务、数据双中台待命，建议纳入一体化规划、一体化实现。

2. 业务中台先行，数据中台跟进

还有一种情况是业务中台先行，数据中台后续跟进。这里的"后续跟进"也仅仅是慢半个身位。新的创业公司，刚刚开始新的业务，这个时候的确没有任何数据沉淀，那么可以考虑优先实现业务中台建设，尽快让业务线运转起来。但是在进行企业信息化建设规划的时候，一定要将数据中台纳入统一规划和设计。半个身位指的是在业务正常运转后，马上基于之前的数据闭环来开始建设数据中台。

3. 单建数据中台

有些企业认为自身业务复杂度高，业务中台与数据中台并行对现有的改动工作量大、周期长，而如果选择只建数据中台、不建业务中台，一则相对独立性高，二则不影响现有业务，这也是可行的。还有些企业认为自身已建设了基本成型的后台系统，但此前数据却一直被忽略了；或者是按照老旧的系统建设模式，由各业务系统建设各自的数据报表系统或数据仓库，但数据根本没有在企业的统一平台上有序流转，形成企业的数据资产。那么将企业的数据横向拉通，建设数据中台便是企业的第一要务。

然而，跳过业务中台，先从数据中台入手，需要整合不同数据源以及不一致、不规整的数据，此工作占据了数据中台建设的大部分工作量。而如果配合业务中台，则因为业务中台天生就规整了数据，并提供规范的数据给数据中台，能大大降低数据中台的建设周期，且不用重复投资。当然，在建设数据中台的过程中，尤其是业务调研环节，可能会梳理出一些业务系统建设不合理的地方，这会倒逼业务系统进行改造，推动数据更好地赋能业务运营。

八、数据中台构建的五步法

系统都是为应用而生的，数据中台也不例外。要构建一套数据中台服务于企业内部和外部运营，需要有成熟的数据中台建设方法论作为指导。企业建设数据中台遵循的方法论就像菜谱，初学者根据菜谱按部就班就可以轻松完成一道道菜肴，而高阶玩家根据菜谱可以查漏补缺，使厨艺精进。

数据中台建设方法论可分为高阶规划、系统设计、开发实施、试运行和持续运营5个阶段。

（一）高阶规划

万丈高楼平地起，规划阶段之于数据中台建设，就相当于构建一座水库前的勘察和分析，了解建水库目标、水源、蓄水、水库下游，为设计图纸提供基础支持。同样建设数据中台也需要对企业的数据源、存储数据的方式、数据服务诉求等信息进行摸查，构建未来的蓝图。对现状和将来的趋势了解得越清楚，对数据中台的轮廓就了解得越清楚，数据中台的成功就越有保障。

数据中台规划阶段可细分为业务架构师主导的业务规划和数据架构师主导的数据规划。这两部分内容是相辅相成的，由业务规划进行业务输入，由技术规划对数据现状进行探查，判断业务规划蓝图的可行性，最终形成可行的蓝图规划与应用设计。

1. 业务规划

业务规划分为三个步骤：业务调研、蓝图设计和应用设计。

（1）业务调研。业务调研主要包括以下两方面。

第一，战略与组织解读。企业战略决定了数据中台的上限，也决定了企业对数据中台的期望与目标。企业战略不仅能折射出企业的数据诉求本质，也能体现出数据中台对企业的价值。因此，通过明确企业战略对企业运营提升的要求，可以抓住企业运营提升的关键环节，对公司管理现状进行诊断，分析数字化能力给企业带来的效率和效益提升，明确企业数字化优化的目标与范围。同时，明确企业的组织架构，熟悉企业的业务模式，了解企业的业务板块，梳理业务部门的业务流程。

第二，调研访谈。调研访谈是通过问卷或针对性访谈的形式，对业务专家进行调研的过程。在调研的过程中可以收集报表、汇报材料、报告、可视化看板、系统建设材料等信息辅助理解业务。调研访谈的目的是通过对业务专家的调研，了解企业与业务，了解业务诉求与痛点，为后续的蓝图设计和应用设计提供业务知识基础。调研前需要对业务背景、行业知识、调研问卷分布做准备，以便达到期望的调研效果。可以将调研问卷提前分发给业务专家，以便业务专家更有针对性地准备问题的答复，提高调研效率。调研后需要结合业务场景，对数据进行推导，得出指标需求。推导的过程是现状诉求→需求推导→解决手段→场景推导→指标推导，如表3-4所示。

表3-4 数据推导过程

推导过程	说明
现状诉求	基于现状调研全面总结关注点及痛点诉求
需求推导	根据关注点与痛点诉求推导出数据需求
解决手段	基于数据需求规划数据中台能力
场景推导	通过场景细分，明确基于场景的数据应用点
指标推导	根据数据应用点落地指标与维度

（2）蓝图设计。通过业务调研了解企业，结合数据现状与业务痛点，将企业不同实体的数据进行提炼、抽象，形成数据域，将数据资产按照一定的体系进行规整，再结合业务诉求对数据分析场景进行提炼，最终形成一张囊括企业数据现状与未来的蓝图，为后续数据中台的建设提供宏观与发展路线的指导。

蓝图设计可从以下几个方面进行分析设计：数智化转型的一些考虑和战略、设计方法论、对客户业务的整体解析、数据中台价值化、分析链路梳理、数据域梳理和划分等。数据中台蓝图一般包括三部分：数据源、数据基础能力及数据洞察与智能应用规划。通过数据中台蓝图可以快速了解企业数据中台的范围与价值。

（3）应用设计。衔接蓝图设计，结合数据调研的成果判断数据可行性后，将数据分析场景、智能应用进行系统落地的可视化设计，形成PRD文档和原型进行产品设计与说明，最终促成应用的实现。

2. 技术调研

技术调研是对企业的 IT 整体现状进行摸查，调研内容包含企业主要业务及核心业务系统、整体网络拓扑现状、信息安全相关要求等。

对企业主要业务和核心业务系统的调研包括业务和技术两个方向。业务上梳理企业的主要业务及核心业务流程，技术上则梳理各业务系统及它们之间的数据流转关系。两者相互印证，输出企业的信息系统现状大图，并基于此确定后续的业务系统调研范围。

整体网络拓扑现状的梳理，有助于厘清企业业务数据的存储分布位置、数据传输的带宽限制等信息，为后续数据集成方案设计提供基础信息输入。

通过信息安全相关的调研了解企业内与信息安全相关的组织部门、规章制度等信息和要求，为后续制定数据处理和使用的流程规范提供依据。

3. 系统与数据调研

系统与数据调研的目的是厘清企业数据资源的种类、分布、存储及管理现状。系统与数据调研是按业务系统进行盘点的。系统盘点的范围来源于技术调研的输出。盘点项包括业务流程、业务动作、数据源、数据表、数据字典。该调研工作一般由技术主导。

业务流程及动作的调研，需要从使用者的角度出发，确认业务系统每个原子操作产生了哪些数据，数据存储在哪些数据表中。这部分的调研需要调研人员通过系统文档资料梳理系统流程，并通过实际操作来验证数据流程，最后结合数据字典将系统流程和数据表进行关联。

数据源盘点需要关注数据源种类，如结构化、半结构化和非结构化数据，以及链接地址、账号、密码、可抽取数据的时间段等；数据表级别关注是否为核心表、时间戳字段、数据更新标识、表的总数据量、日增数据量等信息。

系统与数据调研完后，需输出相应的产出物，并与业务系统的相关人员就输出物中的产出项进行沟通和确认。在实际实施中，不同企业的信息系统建设情况也不尽相同，输出物中的内容项可能需要以迭代方式进行补充调研。

4. 总体规划输出

规划阶段包含业务侧和技术侧的调研，两边的调研工作可以并行开展。在业务侧完成调研及需求规划后，技术侧需要结合业务侧的产出进行相关的数据探查事项,其主要目的是确认调研产出是否足够支撑业务规划的数据应用建设。

总体规划在最终定稿后,业务侧需输出指标、标签清单、数据应用规划文档等,而技术侧需输出技术和系统调研的相关输出物,以及系统调研阶段的总结性报告。

(二)系统设计

在盘点了企业当前的数据应用需求及数据资产情况,并根据实际情况规划了数据中台的建设路径后,我们就可以进入系统设计环节了。系统设计包含总体设计、数据设计及平台设计。

1. 总体设计

第一阶段的规划工作完成后,进入总体的架构设计阶段。此阶段需要回答以下问题:如何构建统一、规范、可共享的数据体系,如何避免数据的冗余和重复建设,如何规避数据烟囱和不一致性等。由阿里巴巴提出的 OneData 的核心思想是统一数据主体、统一数据建模、统一数据服务以及一系列的数据管理体系。在设计阶段,可以从这几个方面进行考虑与架构。这一阶段由技术架构师与模型设计师主导,规划设计出整体的数据架构、平台架构和研发规范,如表3-5所示。

表3-5 总体设计

数据架构			平台架构		研发规范
OneModel	OneID	OneService	采集架构	网络架构	代码开发规范
业务板块	配置	服务单元设计	存储架构	部署架构	命名规范
数据域	数据处理	API 设计	数据流	安全架构	分层规范
总线矩阵	规则计算	API 审核			
数据分层	存储与展示	API 运营			

(1)数据架构。数据中台的数据架构设计是基于需求调研阶段的业务需求、数据情况,完成数据中台概要的设计工作。数据架构设计主要包含 OneModel 数据架构设计、OneID 数据架构设计和 OneService 数据架构设计。

① OneModel 可分为以下四部分。

第一部分,业务板块。根据业务的特点和需求将相对独立的业务划分成不同的业务板块,不同业务板块之间的指标或业务重叠度较低。

第二部分,数据域。数据域是指面向业务分析,将业务过程或者维度进行抽象的集合。划分数据域前，需要基于数据调研与业务调研，熟悉各业务系统设计文档、数据字典等。归纳与总结出跨源的主题域合并，梳理出整个企业的数据域。数据域划分上，需要从三个方面进行考虑。

其一，全局性。站在企业高度上，保障良好的扩展性和稳定性。

其二，数量适中。根据业务情况，划分的粒度要粗细合适，通常在5～15个。

其三，可理解。站在业务的角度上，确保划分便于理解，不产生歧义。

在划分数据域时，既要涵盖当前所有业务的需求，也要考虑有新业务时，能将其包含到已有的数据域中，或者能够很容易地拓展新的数据域。

第三部分，总线矩阵。在进行了充分的业务调研和需求调研后，就要构建总线矩阵了。总线矩阵是由业务处理过程和维度组成一个二维表格。在行为不同的业务处理过程（事实）与维度的交叉点上打上标记，表示该业务处理过程与该维度相关。这就是构建一致性维度与一致性事实的过程。维度表和事实表的模型设计以构建出来的总线矩阵为依据。

第四部分，数据分层。数据模型以维度建模理论为基础，建设数据中台的公共数据层。一般将数据模型划分为操作数据层（Operational Data Store，ODS）、通用数据模型层（Common Data Model，CDM）和应用数据层（Application Data Service，ADS）。

② OneID 功能包含以下四部分。

第一部分，OneID 配置。主要根据具体的业务需求，完成数据源表、ID 映射表、歧义规则表的设置工作。

第二部分，OneID 数据处理。主要通过数据源表和 ID 映射表等配置表单完成原始数据的数据拉取和清洗等操作，生成基础数据。

第三部分，OneID 规则计算。主要利用图计算框架完成关键连接点的搜索和歧义数据的图连通工作，并根据配置的规则对图数据进行切割，从而唯一确定一个实体的身份信息，生成 OneID。

第四部分，OneID 数据存储和展示。主要完成 OneID 图数据存储和展示，以及最后生成的 OneID 清单数据存储等。

③ OneService

统一数据服务 OneService 包括以下功能模块：服务单元设计、API 设计、

API 审核和 API 运营。服务单元设计是指将单个或多个物理表配置成一个视图。基于配置好的服务单元，通过简单可视化界面或 SQL 脚本，设计 API 的请求参数和返回参数，以及对应的 API 信息。API 设计好后，将其发布到服务市场供使用者调用。API 在被使用前，需要经过申请审批。被使用的 API 需要运维及监控，包括平均响应时长、调用次数、错误率、掉线百分比等指标的监控，还可以配置 API 的告警及限流措施等。

（2）平台架构。结合前期调研的业务需求和数据现状，从宏观层面规划出数据中台的各个模块、各个功能部件所用到的技术总体架构图。总体架构由数据采集、数据存储、数据流、网络、部署、安全等组成。

① 采集架构：数据采集打通各种数据来源，为数据中台提供待分析和处理的数据，主要分为实时和离线数据采集方案。

② 存储架构：整个存储架构包含原始数据源存储技术、数据源接入技术、数据中台数据存储与计算技术、数据服务及数据应用技术。从数据采集、数据加工到最后的数据展现，设计出整个流程中不同数据来源到数据中台的存储。

③ 数据流：从业务数据进入数据采集通道，到进入数据中台在各个加工任务中流转，再到数据对外服务的这个过程，需要进行哪些存储、哪些技术处理等，这些步骤需要在设计时就以数据流向的形式用流程图的形式画出。

④ 网络架构：数据中台涉及与多方的源系统进行数据交互，而网络设计对于后续数据同步、接口调用等有较大影响，因此需要综合考虑各业务系统与搭建数据中台环境的网络情况。如果涉及上云，业务系统有可能在本地，而数据中台的环境在云上，要考虑是否需要设计专线。同时根据每天要同步的数据量，设计出带宽的容量。

⑤ 部署架构：这部分设计主要涉及数据中台的研发平台与应用软件。需包含整体的部署方案，如 Hadoop 生态圈中采用各个组件的部署节点，每个角色的功能部署几个节点，在机器资源上如何分布，还包括数据库的主备方案、后端应用的部署等。

⑥ 安全架构：主要包含研发平台的用户角色权限控制方案、开发与生产环境隔离方案、数据安全方案。考虑在数据抽取、数据加工处理和数据服务的整个数据加工链条中对企业的敏感信息进行加密处理。

（3）数据模型设计规范与标准。良好的数据模型可方便、有效地组织数据中台中存储的企业数据资产，所以数据模型的设计工作有必要遵循一定的规范和约束。团队在明确定义模型设计的相关实施规范及要求后，需要向参加数据中台建设的相关人员明确规范和要求，确保团队内统一标准，以保障和提升数据开发与运维管理的效率，并方便后续的知识移交和数据管理工作。规范应清晰地阐述模型定义与代码开发的相关约束。模型规范要明确数据架构中的分层、分层的命名，定义不同接入频率、不同系统表命名方式，代码研发规范层面应定义好各种不同用途、不同脚本类型的命名规范等。

2. 数据设计

数据设计包括数据集成、模型设计和服务详设，如表3-6所示。

表3-6 数据设计

数据集成			模型设计			服务详设
结构化数据	非结构化数据	半结构化数据	主题域模型设计	标签模型设计	算法模型设计	通用性
直连同步	整体存储	键值模型存储	事实表设计	事实标签	应用场景设计	性能
文件同步		列式模型存储	维度表设计	模型标签	实现算法设计	安全性
日志解析同步		文档模型存储				
		图模型存储				

（1）数据集成。数据集成需要解决不同源系统数据异构性问题。源业务系统的数据类型多种多样，有来源于关系型数据库的结构化数据，也有来源于非关系型数据库的非结构化数据及半结构化数据。

结构化数据一般以二维形式存储在关系型数据库中，对于这种数据类型，数据集成有三种方式。

第一种，直连同步。

通过规范的API（如JDBC）直接连接业务库。但是业务库直连的方式对源系统的性能影响较大，当执行大批量数据同步时会降低甚至拖垮业务系统的性能。即使业务数据库存在备库，当数据量较大时，此种抽取方式性能也较差，不太建议使用。

第二种，文件同步。

通过约定好的文件编码、大小、格式等，直接从源系统生成数据的文件，由专门的文件服务器（如 FTP 服务器）作为中间文件交换，加载到数据中台。但由于要保证数据文件的完整性，通常除数据文件外，还需要上传校验文件，以供下游系统校验数据同步的准确性。

第三种，日志解析同步。

这种方式实现了实时与准实时同步，延迟可以控制到毫秒级别，并且对业务系统的性能影响比较小，目前广泛应用于从业务系统到数据中台系统的增量数据同步应用之中。

除了数据读取的方式，还可按数据量来分解数据集成策略。

其一，小数据量同步。

数据记录小于 10 万条的源表建议每日全量更新，写入全量分区表。全量分区表可按天创建。可根据业务需要设置数据的生命周期，并定时清理。

其二，大数据量同步。

数据记录大于 10 万条的源表通过时间戳抽取增量数据到增量分区表。增量分区表可设置长周期，根据需要设置冷、温、热数据区。

非结构化数据一般没有固定的结构，各种文档、图片、视频、音频等都属于非结构化数据。对于这类数据，数据集成策略通常是直接整体存储，而且一般存储为二进制的数据格式。

除了结构化数据和非结构化数据，还有半结构化数据。现在半结构化数据的应用越来越广泛。半结构化数据带有用来分隔语义元素和数据记录的标记，具有自描述特性，常见的数据格式有 JSON 和 XML。对于半结构化数据，数据集成策略同样可以直接整体存储。但随着数据技术的发展，NoSQL 数据库已经可以很好地支持半结构化数据的存储。NoSQL 在逻辑表现形式上相当灵活，主要有 4 种模型。

模型一：键值模型。键值模型在表现形式上比较单一，却有很强的扩展性。

模型二：列式模型。由于每列可以动态扩展，列式模型相比键值模型能够支持的数据更为复杂。

模型三：文档模型。文档模型对于复杂数据的支持和在扩展性上都有很大优势。

模型四：图模型。使用场景通常基于图数据结构，如社交网络、推荐等。

在半结构化数据集成方面，建议使用 NoSQL 数据库。

（2）模型设计。数据模型可以分为主题域模型、标签模型和算法模型。其中主题域模型是基础，是对数据标准化、规范化的过程。标签模型基于主题域模型将对象的各种标识打通归一，将跨业务板块、跨数据域的对象组织起来的工程。算法模型基于主题域模型，将各对象的历史行为、属性等数据作为输入，利用算法能力分析和预测对象的行为。下面来详细介绍这三种数据模型的设计。

首先来看主题域模型设计。主题域模型也就是大家常说的数仓模型。数仓模型的设计方法论已经非常成熟，最权威的数仓模型设计是维度建模。阿里巴巴在维度建模的基础上进行了升华，沉淀了 OneModel 方法论，将数据从业务板块到业务域、业务流程、指标和维度，一层层梳理，构建出企业的指标体系并形成数仓模型。OneModel 方法论强调从业务过程出发，站在数据应用与分析的角度，梳理出业务过程中涉及的维度及度量，并对业务过程中的度量进行规范化定义，统一指标口径，消除指标二义性，形成统一的指标体系；同时，构建一致性维度及事实矩阵，并据此进行维度及事实模型设计。

主题域模型可分为以下三层。

其一，操作数据层（Operational Data Store，ODS）。

主要将业务系统、日志等结构化和半结构化数据引入数据中台，保留业务系统原始数据。ODS 分为缓冲区和数据服务区。缓冲区设计主要保持与数据源的一致性，保证 ODS 能原样引入所接入的源数据，不进行任何类型转换和数据加工处理。数据服务区包括全量明细数据，该数据是对缓冲区数据进行类型转换或增量合并处理后得到的，数据服务区为通用数据模型层和应用数据层提供数据服务。引入缓冲区是考虑到数据引入后可能会有一些特殊的处理需求，比如埋点数据采集后一般为 JSON 格式数据，这类需要在解析后再引入；或者有一部分实时采集的数据需要与当前存量数据进行合并处理，以获取当前最新状态的数据。缓冲区能起到很好的追溯作用，方便后续追查与核对问题，为后续的数据分层建模提供良好的数据基础。

其二，通用数据模型层（Common Data Model，CDM）。

包含整个数据中台的大部分数据，是数据中台的基础，因此保证该层数据的健壮性是重中之重。CDM 主要完成公共数据的加工与整合，建立一致性的维度，构建可复用、面向分析和统计的明细事实表及汇总事实表。

其三，应用数据层（Application Data Service，ADS）。

提供直接面向业务或应用的数据，主要对个性化指标数据进行加工处理；同时为满足数据应用、数据消费的诉求，进行面向应用逻辑的数据组装，如大宽表集市、横表转纵表、趋势指标串等。

其次介绍标签模型设计。实体标签模型是数据中台建设中的另一类重要模型，这类模型对于企业数据治理、业务输出都具有举足轻重的作用。企业的重要数据资产，如客户、商品、门店、供应商、员工等实体的标签模型都是数据中台加工的重点。比如，先获取商品的生产、采购、定价、销售、退货等历史行为数据，然后按照业务场景需要来制定商品所涉及的商品标签，形成商品标签模型。

最后来讲解算法模型设计。数据中台整合全域的数据，需要通过 AI 算法将宝贵的数据形成有价值的数据资产。算法模型是数据中台中最难设计的模型，但又是最能将企业的数据资产发挥出几何倍数价值的模型。例如，凭借商品个性化推荐模型，淘宝的"千人千面"场景帮助用户极大地提升了体验感，缩短了用户的交易链条，提升了用户的转化率。算法模型与上两种模型的不同之处在于，在建模的过程中需要充分聚焦算法所服务的场景。比如对于商品推荐算法模型，建模时需要充分理解涉及商品推荐的相关场景。商品个性化推荐一般有首页推荐商品列表、猜你喜欢专栏、购物车推荐专栏等场景。我们要充分梳理这些场景的需求点，然后制定实现推荐模型的场景。在通过场景梳理编排出算法实现逻辑后，再开始设计算法模型及实现逻辑。

（3）服务详设。数据服务按数据内容可分为主题分析类数据服务、标签类数据服务和算法类数据服务。

主题分析类数据服务可通过整合数据分析场景，分专题设计通用的数据汇总宽表，通过数据宽表拼写不同的 SQL，支撑相应的数据报表，避免数据的冗余建设。

标签类数据服务的设计却有所不同，切忌按照标签使用场景逐个进行数据服务设计。因为运营可能会随时增加标签，迫使在设计标签服务时考虑通用性和扩展性。一般建议以底层的标签宽表为出发点，设计标签通用的增加、修改和查询功能。

与业务联动紧密的算法类数据服务则需要注意可能面对低延迟、高并发的调用场景，比如推荐场景，包括搜索推荐、猜你喜欢、加购推荐等，一定要做好服务接口的性能压测，以满足业务实时交易级的性能要求。

除了考虑服务的通用性和性能，还需要考虑服务开放的数据安全性。

3. 平台设计

平台设计指的是大数据运行平台在资源规划、技术选型、部署方案等方面的设计，是根据总体架构中的平台架构展开的。平台能力具有通用性、扩展性和前瞻性，是数据中台成功建设的基础。平台设计阶段将以客户现有数据体量及可预测的业务增长情况作为考量因素，对平台建设所需的资源进行预估和规划，产出平台及数据应用部署所需的资源清单、部署方案及相关人员在平台上的账号和权限的设计等。

（1）资源规划：需要对支撑大数据平台所需的资源进行估算。

一般可考虑未来3年企业的数据量，可借鉴的存储空间资源估算公式如下：

磁盘空间预估 = 当前企业数据存量（TB）×3+ 数据日增量（TB）×3（副本数）×365×3

（2）技术选型：大数据技术选型的原则是考虑当前及未来一段时间可能使用的场景，根据场景来推导技术的选择。一般会从数据的采集、存储、计算、管理、运维等多方面考虑需要选择的技术或成熟产品来搭建大数据平台。比如，文件采集使用Flume到HDFS，数据库采集使用DataX到HDFS，计算与加工基于Hive存储、离线使用Spark SQL处理、实时采用Flink等。

（三）开发实施

开发实施阶段可分为环境搭建、数据集成、代码研发三个层面。

1. 环境搭建

平台层面的环境搭建，包括大数据集群、数据研发平台、智能数据应用产品等相关工具的部署。平台的搭建按设计阶段输出的资源规划和平台部署方案实施即可。在平台环境、工具组件部署后，需要对平台环境进行测试，同时在产品工具层面，对企业进行相关产品的使用培训，并通过企业的验收。

2. 数据集成

数据集成方案从宏观上设计和规范了数据源级别的数据集成流程和同步策

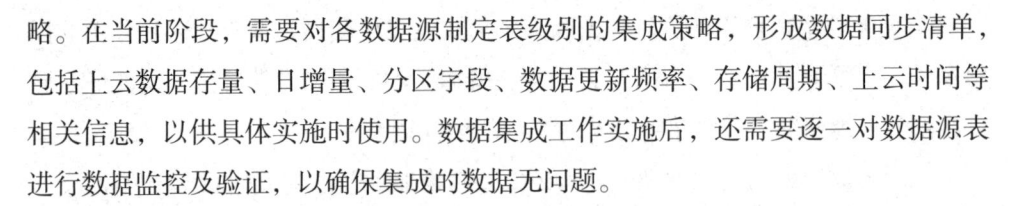

略。在当前阶段，需要对各数据源制定表级别的集成策略，形成数据同步清单，包括上云数据存量、日增量、分区字段、数据更新频率、存储周期、上云时间等相关信息，以供具体实施时使用。数据集成工作实施后，还需要逐一对数据源表进行数据监控及验证，以确保集成的数据无问题。

3. 代码研发

代码研发阶段包括数据研发与验证、应用研发与测试、性能测试三部分。数据研发与验证主要包括数据模型的业务代码开发、数据监控代码开发、数据准确性验证。从模型数据开发、数据监控开发到数据验证，再到模型上线，需要一整套开发流程来保障数据的产出。应用研发与测试主要包括数据应用层面的开发和测试工作，如数据服务、数据应用前端开发。性能测试包括数据产出时间、数据接口服务性能、数据应用访问性能等方面的测试。

（四）试运行

数据中台上线之后，分析专题的指标口径、数据应用效果等多方面的数据准确性都需要通过真实的运行数据去验证。在这个时间段还不太适合全面对外发布，也不宜对外开放数据能力。通常我们需要进行一段时间的试运行。

1. 中台试运行

为保障生产环境数据的准确性，需要先在测试环境基于企业全量的数据进行一段时间的试运行，这主要包含以下几步。

（1）数据迁移。增量模型涉及的存量数据需进行一次全量的数据迁移，以保证数据的完整性，全量模型则直接按频度进行抽取即可。迁移前，需制定详细的迁移方案及步骤；迁移时，需记录各个环节的关键数据，如迁移耗时、资源消耗情况等；迁移后，需总结并输出迁移报告。

（2）数据跑批。完整运行数据中台的全流程任务，包括数据抽取、加工、服务提供及应用展现，分析各层级模型任务的运行耗时以及对应时间段的资源情况，并不断优化、调整运行任务的启动和依赖关系，以达到最佳的配置。

（3）数据验证。筛选核心关键指标、标签，进行数据准确性的验证。例如，存量指标可与系统现有指标进行对比，增量指标则与模型设计内容逐层对比。

（4）应用验证。对于对外服务接口类应用，联系应用方进行接口及数据的验证，并完成应用全流程的拉通，优化调用的频次及时间点；对于报表及专题分析类应用，验证报表数据与数据中台侧数据的一致性，以及测试前端页面、展现数据的性能。

2. 历史数据测试

在试运行过程中，数据中台的指标或标签可能会因为业务侧的口径变更进行历史数据的重刷动作。在这种情况下，要保证数据准确且可逆，要注意如下几点注意事项。

影响评估方面：评估业务变动涉及的模型，并形成清单列表。

数据备份方面：数据处理前，先备份当前状态下的数据。

口径调整方面：确认业务口径调整涉及的技术口径调整内容，并体现在模型设计文档的版本控制中。

数据验证方面：调整后，严格按照设计内容进行数据的验证和测试，并与业务侧达成一致，在测试环境中进行确认。

（五）持续运营

数据中台不是一锤子买卖，是需要持续经营的。在数据中台正式上线后，随着企业业务的不断拓展，会接入越来越多的数据源，数据的分析也将越来越精细，数据应用场景会更加丰富多样。同时，某些数据应用会因企业业务方向的调整而废弃，这些已经过时的应用就需要及时清理。作为数据中台的建设者，不仅需要定期与数据使用者主动进行沟通，了解数据使用情况，了解这些数据到底带来了什么价值，还要通过系统查看指标、标签、专题、应用 API 这些资产的被调用情况，以此来判断是否需要优化等。

1. 正式上线

试运行稳定执行一段时间后，可按模块和迭代申请生产环境的正式上线动作，以交付阶段性的工作成果。在正式上线时，分以下两步进行。

（1）割接方案。如果数据中台存在替换现有其他系统的情况，就需要制定详细的割接方案，以保障数据中台有能够覆盖旧系统的数据能力。

（2）上线预演。在正式上线前，需进行割接或上线的演练操作，尽可能多地暴露数据、环境、资源等各方面的问题，并逐步进行优化和调整。

系统上线后，制定相关的检查规则及告警机制，以保障数据中台的正常运行。检查规则可大致分为如下两类。

一是数据规则：数据一致性，主键唯一性，数据完整性。

二是资源规则：服务器资源，如 CPU、I/O 等；存储告警规则。

检查规则执行完成后，根据检查结果制定告警策略，如异常告警阻断、异常告警不阻断。同时，通过短信、邮件等方式将检查的结果进行告知，并制定告警升级机制。

2. 运营保障

系统上线以后，跟进系统的运行、使用情况，综合分析以提炼新的需求点，创造更大的价值点，持续运营。数据中台的运营策略可从产品、应用、数据三方面进行。

一是产品侧。收集直接使用方的产品体验状况，根据反馈内容进行优化，提高产品的易用性，增强使用方对产品的黏性。

二是应用侧。分析应用对象的重点关注模块，并阶段性地形成分析报告。中台建设者可根据报告内容，对接应用相关人员，持续挖掘新的需求内容，持续耕耘以创造更大的价值。

三是数据侧。通过数据链路跟踪的结果，总结阶段性重点关注的数据内容。结合自上而下和自下而上两种途径，分析整个系统数据层面的缺口，并制订汇聚、扩建的计划，提高中台数据支撑的力度。

第四章 汽车公司数字化转型的创新实践

本章的主要内容是汽车公司数字化转型的创新实践，分别从三个方面进行相关论述，依次是汽车公司数字化转型的理论背景、汽车公司数字化转型的实践重点、汽车公司数字化转型的实践应用。

第一节 汽车公司数字化转型的理论背景

一、汽车产品的发展趋势

随着数字化时代的到来，计算机技术、通信技术、IoT（物联网）、人工智能、大数据、云计算等数字化技术的发展正在深刻地影响汽车产品和汽车产业。汽车不断集成科技成果，正朝着新四化——电动化、智能化、网联化、共享化的方向快速发展。

（一）汽车是不断集成最新科技成果的产物

对于专注于为用户打造高品质产品的汽车企业来说，汽车是不断集成最新科技成果和时尚元素的产物。从机械产品到机电产品，再到今天的智能网联产品，汽车的发展史就是一部科技成果的集成史。汽车最早属于机械产品，随着电子技术的发展和应用，新的电子器械不断出现，汽车将出现的电子器械和技术进行集成，如集成 ABS、ESP、安全气囊等，就变成了更加舒适、安全的机电产品。现在的触摸屏、摄像头、语音识别、人脸识别等科技成果不断地被集成进来，汽车变得越来越智能了。20 世纪 70 年代出现的 ABS 是最早集成软件控制的电子单元。从 20 世纪 80 年代的燃油喷射、90 年代的车载诊断系统、2000 年的混合动力汽车到 2010 年的第一代车联网，汽车上的软件代码量越来越大。

信息和通信技术的发展对汽车的影响越来越明显。以移动通信为例，在 1G 技术得到应用时，第一代车联网实现了紧急救援；2G 时实现了车辆信息读取和远程控制；3G 时实现了人的个性化信息娱乐；4G、5G 时则将实现人—车—路的协同，也就是智慧交通与自动驾驶。到了今天的数字化时代，技术发展得太快，5G 技术、人工智能、IoT、大数据、云计算等集成起来实在是太复杂。

汽车正在从机电产品发展为智能网联产品，而特斯拉就是新一轮科技革命发生以来最新科技成果的集大成者。

特斯拉在电池技术、OTA（车载系统在线升级技术）及电子电器架构、自动驾驶等方面都有突破性的创新。

（1）电池技术。电池技术是特斯拉最引以为傲的优势领域之一，而电池管理系统（BMS）是其中的关键。它由相当于 BMS"大脑"的主控模块负责电压电流控制、接触器控制、对外部通信等功能，从而实现对电池健康状态的远程实时监控。

（2）OTA 及电子电器架构。OTA 使特斯拉汽车可以像智能手机一样进行系统升级，从而持续为用户带来新的功能、内容和体验。传统车企的 OTA 通常局限于对车辆零部件的功能进行远程控制或升级，其主要原因在于底层的电子电气架构不同。在传统的汽车供应链中，OEM（汽车主机厂）高度依赖博世、德尔福（现为安波福）等供应商提供的 ECU（电子控制单元）。不同的供应商提供的 ECU 有着不同的嵌入式软件和底层代码，整车企业没有权限维护和更新 ECU，这极大地影响了用户体验。特斯拉采取集中式的电子电器架构，即通过自主研发底层操作系统并使用中央处理器对不同的域处理器和 ECU 进行统一管理。这种架构与智能手机和 PC 非常相似。实现整车 OTA 功能后，特斯拉可以通过系统升级持续改进车辆功能，软件在一定程度上实现了传统 4S 店的功能——持续为交付后的车辆提供运营和服务。

（3）自动驾驶。特斯拉的自动驾驶系统 Autopilot 是目前最重要的应用软件。传统汽车与智能汽车最大的区别在于驾驶系统。作为最早搭载自动辅助驾驶系统的电动车，特斯拉拥有全球规模最大的辅助驾驶车队，Autopilot 行驶里程超过 20 亿公里，远超其他竞争对手，并且车队规模保守估计以每年约 40 万辆递增。目前主流智能汽车主要配备辅助驾驶系统，尚无企业实现完全自动化驾驶系统。

由此可见，集成科技成果、加快数字化转型是传统汽车企业发展的出路所在。汽车的未来在于集成信息技术、通信技术，成为智能网联数字化产品。集成信息技术、通信技术，对于传统的汽车企业既是巨大的挑战，也是时代带来的机遇。

（二）汽车产品的发展特点

汽车集成最新科技成果，汽车产品将朝着新四化——电动化、智能化、网联化、共享化的方向发展。在新四化中，电动化、智能化、网联化是技术，共享化是应用模式。智能化、网联化、共享化这三化与数字化有关，电动化是能源技术应用，这里不做介绍。

汽车智能化是汽车产品本身的一次技术升级，是在传统汽车的基础上，增加先进的传感器、控制器、执行器等装置，通过车载传感系统和信息终端实现与人、车、路等智能信息交换，使车辆具备智能的环境感知能力，能够自动分析车辆行驶的安全性，并使车辆实现复杂路况下的安全行驶，最终实现完全的自动驾驶。汽车的智能化程度已经成为客户购车时的重要考虑因素。

汽车网联化是指网联汽车通过通信设备实现车与车之间的连接，车与网络中心、智能交通系统等服务中心的连接，甚至是车与住宅、办公室以及一些公共基础设施的连接，同时实现车内网络与车外网络之间的信息交换，全面解决人—车—外部环境之间的信息交互问题。在万物互联的时代，汽车与生态中设备的互联将是大势所趋，并将催生出无数场景的创新应用。

目前，汽车保有量日渐增加，使城市交通越来越拥堵，通勤时间变长，停车难成为常态。汽车共享为城市出行提供了一种新的选择，这有助于降低个人购车意愿，在一定程度上缓解城市私人小汽车对道路和停车资源的占用。

共享出行乃至更广层面的出行服务已经成为汽车产业发展的趋势，几乎所有的汽车企业都认识到向移动出行服务商转型势在必行。"新四化"蓝图的逐步落地，必将加快整个汽车产业生态的重塑进程。

二、传统汽车制造商面临的挑战

近年来，汽车行业竞争不断加剧。一方面，中国汽车市场已由增量市场转为存量市场，增速明显放缓；另一方面，很多其他行业的企业纷纷宣布要进军汽车产业，使得传统汽车企业感受到了车市寒冬，厂商与经销商压力倍增。

（一）中国汽车行业发展进入普及期

汽车产业的发展一般会经历起步期、高速成长期、普及期、普及后期及饱和期五个阶段。美、德、日、韩等发达国家汽车行业的演变历程表明，在进入普及期后，市场会开始发生深度调整，增速会趋缓，在普及后期增长率会变为个位数。

中国汽车市场目前已进入普及后期，但市场尚未饱和，仍有一定的成长空间，但发展速度已经趋缓。

根据中国汽车流通协会统计数据，中国汽车产业的复合年均增长率已经降至10%，未来可能继续降低。2020年，中国汽车销量2527.2万辆，远高于美国的1450万辆、日本的460万辆、德国的292万辆、韩国的190万辆，在这种体量的产销基数下高速增长是难以持续的，增长率将进一步降低。[①] 从发展特点来看，由量变到质变，行业面临进一步的整合和结构调整，增速下滑，销量萎缩，资源向头部企业集中将会是未来市场的新常态。

中国汽车行业增速已经放缓，靠提升产量来增长已经比较困难了，必须从单纯追求销量增长转向追求高质量增长。汽车企业靠什么转向高质量增长？靠的是集成最新的科技成果和创新模式应用，更具体地说，需要集成更多的信息和通信技术以及数字化时代的模式创新。全球汽车行业利润逐步向自动驾驶及电动车零部件、数据及车联网服务、移动出行等新兴业务延伸，新兴业务利润在整个汽车价值链中的占比将从2017年的1%增长到2035年的40%。以数字化转型应对时代变革正在成为汽车企业领导者的共识。[②]

（二）跨界造车蔚然成风

无任何造车背景的企业涌入汽车产业，是汽车研发制造的门槛降低了吗？显然不是。中国品牌汽车的品质近年来有了很大提升，随着汽车企业推行工匠精神、精致工程，国产自主品牌汽车在造型、工艺、性能等各方面都已赶上甚至超越国外品牌。造车的门槛不是降低了，而是越来越高了。

---

① 唐湘民. 汽车企业数字化转型：认知与实现 [M]. 北京：机械工业出版社，2021.
② 同①。

新势力造车主要基于两个原因：

其一，新势力企业在业务场景上对智能无人驾驶汽车具有强烈的需求。例如，美团需要有无人车、无人机配送的业务场景，滴滴有自动驾驶出租车的业务规划等。

其二，新势力相较传统车企在用户黏性、智驾算法、车联网安全等方面具有优势。例如：滴滴掌握海量用户数据，可以建立特定线路、特定时段的无人驾驶接送客场景；小米连接设备达到3.25亿台，可精准捕捉用户需求；奇虎360帮助某车企发现十几个漏洞，避免车辆被远程开关车门、启动、熄火，推动车联网安全生态建设。

三、数字化带给汽车企业的发展机遇

传统汽车企业如何应对日益严峻的挑战？在数字化时代，汽车企业的机遇是什么？

其实，只要我们理解了数字化时代汽车产业的演进路线，理解了时代赋予汽车产品的使命，即使有更多产业外的企业进入汽车产业，汽车产业仍然有着非常广阔的前景。

传统汽车企业需要深刻理解数字化时代汽车产业的发展方向，制定和推进数字化转型战略，从而告别传统，把握住巨大变革中的发展机遇，得以持续发展。

我们先来看看从电话到智能手机的演变历程。传统的电话主要是用来通话的，但一个人打电话其实并不只有简单通话的需求。例如，通话涉及旅游，使用者就会希望分享一些旅游中拍摄的照片。但由于技术的限制，过去的电话是不能发照片的。通话时使用者当然也希望看到对方，能够视频通话，这在以前也是不能实现的。通话的时候使用者也许还希望群聊，如建立聊天群、社交群等，这在过去也是不能实现的。类似的场景还有很多，这些都是人们通话时希望实现的场景，只是在过去由于技术的限制，无法满足用户的需求而已。

今天有了智能手机，上述用户通话时的所有场景都能以数字化手段实现。因此，通话这个原来电话的主要功能，在今天的智能手机的功能中已变得毫不起眼。而以丰富的方式高效表达与传递各种场景的信息才是用户满意的功能。

汽车也是一样。人们为什么要买车？因为工作或生活中要出行，即要从A点

到 B 点。目前的汽车只能作为一个从 A 点到 B 点的交通工具。实际上，用户从 A 点到 B 点一定是有某种目的的，如开车去参加会议，去商店购物，去外地旅游观光等。那么，他的需求一定不只是从 A 点到 B 点这样一个简单的位置移动。伴随着这一位置移动的过程，还有这一对应场景下的服务。

我们可以设想出很多移动出行需要服务的场景。从 A 点到 B 点，常见的场景有沿途景点推荐、美食订餐推荐、车辆服务推荐、停车场推荐预约、智能家居个性化控制等。

（1）沿途景点推荐包括组队出行、车载对讲沟通、路过著名景点和名吃推荐。

（2）美食订餐推荐包括用户经常前往的餐厅风格个性化推荐、用餐预约、优惠提醒、在线点餐。

（3）车辆服务推荐包括油量警报并导航到加油站，为车辆维修推荐维修点。

（4）停车场推荐预约包括停车位预约、免费停车信息。

（5）智能家居个性化控制包括室内灯光控制、空调开启、音乐播放、热水器开启等。

如果用户希望在路途中工作，汽车可以成为办公空间：设置会议桌后，可以多方视频开会、放映 PPT 材料、获取任何工作需要的信息等。

因此，从用户需求的角度来说，汽车需要满足的不只是从 A 点到 B 点的简单交通需求，而是像在家里或办公室一样的各种生活和工作场景的需求，这些正是未来智能化汽车需要实现和满足的。智能汽车服务智能交通，智能交通服务智慧城市。跳出将汽车作为简单的交通工具的思维局限，汽车企业如果能成为移动出行服务商，汽车产业将具有广阔的发展前景。

智能手机与过去的电话的根本区别在于智能手机有操作系统。有了操作系统，智能手机就可以运行各种软件，如提供上网、娱乐、购物、生活服务等互联网、物联网上无穷无尽的服务。未来智能化汽车一样有操作系统等一系列软件，同样可以连接各种服务，将人从驾驶中解放出来，允许其在乘坐中娱乐、休息和办公。车主和乘客可以享受在移动出行中各种场景下的智能服务。

智能手机这一新兴产业比起传统电话的产业要庞大得多。人们往往把未来的汽车视为像智能手机一样的智能终端，而作者认为，智能汽车比智能手机要复杂得多。

首先，汽车的工况比手机要复杂得多，比如汽车的驾驶执行机构（行驶、转向、制动等）是手机所没有的。

其次，汽车对数据和计算能力的要求比手机要高得多。例如，自动紧急刹车（AEB）辅助功能，通过行人探测系统与前向物体识别摄像头准确识别汽车、自行车、摩托车、行人等移动物体，快速运算并准确判断前方可能出现的危险目标。当检测到与前方物体存在较大碰撞风险时，系统会结合车辆当前的行驶状态与驾驶员的操作行为做出预判，以最快的反应速度接管制动系统，及时刹车以保证行人与车辆的安全。这一功能需要对大量数据进行准确、高速的计算，这是手机无法比拟的。

与从A点到B点的交通工具制造产业相比，移动出行服务是一个更大的产业。这个产业不仅需要汽车制造商，还需要智能化、网联化、交通管理部门、一切出行服务的提供者。可以想象，这样一个巨大的产业将容纳非常多的信息与通信技术（ICT）企业、服务企业。因此，我们将看到越来越多的无汽车制造背景的企业进入汽车产业。

汽车智能化趋势的终极状态是无人驾驶，这将经历智能辅助驾驶、半自动驾驶、自动驾驶等阶段。汽车将逐步脱离纯粹出行工具的形态，而智能出行、数字化服务以及云端各类丰富的服务将慢慢植入，为客户出行提供全新的生活方式。

综上，数字化将为汽车产业带来新的商业模式和运营模式，同时为汽车企业带来巨大的发展机遇。

四、传统汽车企业的转型升级

汽车的"新四化"发展趋势将推动汽车企业从"以产品为中心"向"以用户为中心"转型升级。遵循"以用户为中心"的理念，伴随着汽车产品与ICT技术的不断融合和发展，汽车企业最终将转型为智能移动出行服务商。

（一）传统汽车企业从"以产品为中心"到"以用户为中心"

汽车产品的"新四化"带来了汽车企业的转型升级。

在互联网进入汽车产业之前，汽车企业的使命就是为用户生产出高质量的车。汽车产品通过4S店销售，汽车的维修、保养等服务由4S店负责。

传统的汽车企业是以产品为中心的，汽车厂家只要把产品做好就可以了。汽车企业的核心技术是四大传统工艺（冲压、焊装、涂装、总装）以及数控等加工工艺。

随着数字化技术的发展，汽车正朝着"新四化"的方向发展，这使我们可以连接用户、连接产品。

过去，汽车企业通过4S店把车卖给用户，卖出去的车与汽车企业基本没什么关系了。如果车有什么质量问题，用户就会找4S店维修。现在汽车企业可通过车联网连接汽车产品，实时获取车的运行状态、司机的驾驶行为、车辆行驶的环境、车辆预警信息等。这是汽车企业通过车联网连接汽车产品。

汽车企业也直接连接着用户。目前几乎所有的汽车企业都为用户提供移动App，移动App使用户与汽车企业可以随时双向沟通。这是汽车企业通过移动App连接用户。

汽车企业连接了汽车产品，连接了用户，就可以对产品和用户有全面的了解，进而为用户提供更好的产品与服务。这一改变使汽车企业从原来"以产品为中心"向"以用户为中心"的商业和服务模式转变成为可能。

以产品为中心，企业生产什么，用户就购买什么，用户处于被动的接受状态；而以用户为中心，用户需要什么，企业才生产什么，用户参会与产品设计。对于汽车企业而言，汽车的生产线大都实现了柔性生产，即同一条生产线可以生产多个车型。生产的计划、生产的排程是根据用户订单、经销商需求、市场预测等因素确定的。但是，以用户为中心，汽车企业需要回答的是用户究竟需要什么车型、什么配置，工厂应该生产多少，哪些车型应该多生产，哪些车型应该少生产，以及基于当前的订单数如何引导用户产生更多的购买需求等。

汽车企业不仅要把车这个产品做好，还要向用户提供良好的服务，也就是"以用户为中心"。以用户为中心，汽车企业不仅要为用户提供需要的车，还要在购车、用车整个生命周期中为用户提供优质的服务。不仅车要做得好，而且车要让用户用得好，这会反过来倒逼汽车企业关注从设计、制造、营销到服务的全过程。

用户对于传统汽车主要关注价格、油耗、安全、品牌、空间、外观、动力、性能、质量、操控性等，而对于智能网联汽车的关注点主要是自动驾驶、整车OTA、实时在线、驾乘体验（如起步、加速、NVH、车机交互和娱乐）等。这些体验基本上只能通过数字化来实现。而用户的个人喜好、主观感受各不相同，汽车企业必须为用户提供千人千面、千车千面的个性化贴心服务，才能符合或超出用户的期待。这类个性化的智能服务是传统汽车难以实现的，只有数字化的汽车才能大显身手。

汽车企业通过车联网连接产品，通过服务平台连接用户。因此，汽车企业可以从"以产品为中心"向"以用户为中心"转型升级，从"制造型企业"向"智造+服务型企业"转型升级。

（二）传统汽车企业转型为移动出行服务商的数字化战略

汽车将成为智能网联的数字化智能产品，汽车厂商将从传统的生产制造商转型为从研发到运营数字化产品的数字化企业。因此，几乎所有的国内外汽车厂商都提出将从传统汽车制造商转型为移动出行服务商，即汽车企业的数字化转型（如表4-1所示）。

表 4-1　传统汽车企业数字化转型战略

汽车企业	数字化转型战略	发布平台/时间
奔驰	成为"智能工厂"以及互联网新出行服务商，提高汽车的用户服务体验	2019年3月，汽车行业数字化转型论坛
大众	立足互联网和消费需求，从制造商向移动出行服务商转型	2016年6月
奥迪	打造"随时随地为我服务的奥迪汽车"，深化数字化服务体验	2017巴塞罗那奥迪全球品牌峰会
丰田	从传统的汽车制造商向移动出行公司转型	2018中国国际消费电子博览会
吉利	成为立足于智能制造、车联网应用以及互联网营销的汽车制造商	2017云栖大会
上汽	从传统制造领域转向创新服务领域（以智能制造、智慧出行为主题抓手，建设集团数据平台的基础服务）	2018年8月
福特	要从单一化的传统模式转型到提供出行产品和服务的多元化的汽车科技公司	2017Spring Summit技术峰会
长安	将加速向智能出行科技公司转型	2020北京车展

五、数字化时代汽车产业的新特征

20年前，宏碁集团的创办人施振荣先生提出了著名的"微笑曲线"理论。微笑曲线体现了在制造企业的研发、制造、营销价值链环节中的附加值特征，研发和营销环节的附加值较高，生产制造环节的附加值较低。微笑曲线价值链附加值特征这一简洁明了的表达一直是制造业管理者在制定企业发展战略时的指导思想之一，然而在数字化时代，制造业价值链的各环节附加值不再遵循传统的微笑曲线。

数字化深刻影响着汽车产业。它使汽车产品有了新的形态，汽车制造有了新的方式，汽车商业有了新的模式，汽车产业有了新的生态。

数字化为汽车产业价值链全环节都带来了价值提升。制造业价值链变化的第一个显著特征是研发端的附加值将大幅提升。

在研发端，汽车将成为数字化智能产品，其功能、性能及用户体验将主要由软件来定义。软件有两大特点：赢者通吃和复制零成本。赢者通吃是指一款软件一旦获得成功，获得用户认可，其他类似软件基本就没有市场了，如 Windows 操作系统和微软办公软件、用于碰撞仿真的 LS-DYNA 等仿真软件。软件复制零成本是指一款软件无论复制多少都不再产生成本。这和实体产品不同，机电等硬件产品的复制是有成本的。这两个特点使得数字化智能产品的研发比起传统产品研发的附加值有了巨大提升。此外，软件主导的产品还能实现持续升级、自我学习、不断完善，从而不断创造新的价值。

数字化使得汽车企业通过车联网连接汽车产品，通过数字化平台及其移动应用连接用户，因此其产业链将延伸到服务端。移动互联网、物联网等数字化技术使企业可以直达用户，为用户提供更全面、更贴心的服务。传统制造企业的价值链到营销后就基本终止了，而在数字化时代，企业的产业链进一步延伸到服务。在计算机和通信领域，过去企业制造和销售计算机、服务器和通信设备，今天通过建设云数据中心以云的方式提供服务；在汽车领域，过去汽车企业只生产和销售汽车，现今纷纷建立网约车出行公司，提供出行服务，如广汽集团旗下的如祺出行，一汽、东风、长安共同创建的 T3 出行，上汽的享道出行等。

制造企业从只生产和销售产品，到将价值链扩展到服务，是一种数字化带来的商业模式创新。这是数字化时代制造企业价值链发生变化的第二个显著特征。对于智能化的产品，服务是产品功能的一部分，甚至是主要部分。智能手机上有丰富的功能和应用，其中很大一部分是数字化服务提供的。我们设想一下，如果将智能手机的无线连接切断，智能手机还能用来干什么呢？导航没了，网上不了，微信发不出去了，天气信息查不了了，就只剩下拍照、看照片等几个功能了。因此，对于智能化的产品而言，服务是主要的功能。为用户提供服务，是数字化时代企业的机遇。

汽车企业成为智能移动出行的服务商，为用户提供出行、车、生活服务将成为企业收入的一大来源。数字化智能服务不仅能满足用户对功能的需求，更能满足用户对体验、情感的需求。未来，服务体验的重要性将超越车本身的驾驶体验。数字化服务也使得汽车企业由生产获取利润拓展为由服务获取利润。未来智能化产品的盈利模式中，硬件只是一部分，更多是靠软件、内容、服务。特斯拉的软件服务已产生收入，随着软件功能越来越强大，软件服务将会成为新的盈利点。

在生产制造方面，数字化智能制造将通过信息系统高度集成、全局生产过程管控、生产计划准确排程、物料准时配送、生产过程信息实时采集、设备实时监控与交互、质量管控等措施，实现快速响应用户订单，快速交付高质量产品；通过打造高度协同的研发生产供销服务全生态链，使企业具备适应多品种、小批量产品共线柔性生产方式；高度协同的智能数字化生产管理平台可以大幅提高企业的经营管理水平。

过去用于概括传统制造业价值链特征的微笑曲线已不再适用，我们可以称之为"微笑曲线1.0"。微笑曲线1.0下的传统价值链以产品为中心，是战略驱动的，企业的一切工作围绕企业战略来管理、执行。而微笑曲线2.0指的是在数字化时代，制造业价值链各环节附加值不再遵循传统微笑曲线所表达的特征，制造业价值链研发端的附加值将大大提高，同时另一端也将从营销延伸到服务。

微笑曲线2.0下的价值链以用户为中心，是服务拉动的，企业战略也基于服务用户，企业的一切工作将围绕用户的需要来开展。

对于智能网联汽车来说，汽车的智能化使得汽车软件在价值链中的比重越来越大。软件"赢者通吃"和"复制零成本"这两个特点将大幅提升智能汽车研发附加值；汽车的网联化和共享化使汽车企业的价值链延伸到服务。传统汽车企业的数字化转型要更加重视研发和服务。

微笑曲线2.0不仅对汽车产业有效，对其他以产品创新为核心的制造业也是适用的。该曲线蕴含的理念对发展数字经济、推动数字化转型、提升产品竞争力、制定企业发展战略等都有重要的参考价值。

基于此，我们能够看出，汽车企业在继续重视传统的冲压、焊接、涂装、总装四大制造工艺的能力外，还要高度重视软件开发和服务能力的打造与提升。

六、汽车企业数字化转型的价值

企业推进数字化转型，就是要充分利用信息和通信等技术，如移动互联网、Web、社交、大数据、机器学习、人工智能、物联网、云计算、区块链等，通过数据智能和连接实现对业务的赋能和模式创新。

越来越多的企业管理者认同这样一个看法：今后的企业要么是数字化原生企业，要么是数字化转型成功的企业。没有实现数字化转型的企业在数字化时代是没有竞争力的。数字化转型是传统汽车企业未来发展的必由之路。

（一）数字化转型能够使汽车企业成为移动出行服务商

传统汽车产业与 ICT 产业是两个泾渭分明的产业。但随着信息技术、通信技术与汽车产品和业务的不断融合，汽车产业正在打造以 ICT 服务为核心的智能出行生态。

汽车产品将从传统的机电产品发展成智能产品、网联产品、生态产品、数字产品。数字化产品严重依赖 ICT 技术。笔者认为，没有任何造车背景的互联网企业可以跨界造车，传统汽车企业更可以打造以 ICT 技术为核心的数字化产品和服务，在数字化时代跨界提供智能移动出行服务。

未来出行服务的理想蓝图是：电动化智能网联汽车在智慧城市和智能交通中通过自动驾驶的方式运行，而消费者通过手机 App 一键预约服务，即可乘坐不属于其个人的汽车到达目的地，并在出行途中和目的地享受各种丰富的增值服务。

近年来跨界竞争者进入汽车及汽车服务市场，给汽车行业的竞争格局带来冲击。百度和苹果开发的无人驾驶汽车已经开展了道路测试，而蔚来、小鹏、威马等新能源汽车已经量产，汽车产业的变革对传统汽车企业的发展提出了巨大挑战。基于互联网业态的企业在建立连接和数据应用方面具有天然的优势，而对传统汽车企业而言，全面数字化既是机遇，也是挑战。这已经不是一个选择问题，而是一个生存的问题，所有传统汽车企业必须进行数字化才能得以持续发展，数字化转型势在必行。

（二）数字化转型能够帮助汽车企业应对未来的挑战

前面已经提到，中国的汽车市场增速放缓，企业利润降低，传统汽车企业需要加快向价值链中高端跃升，即加大研发的创新力度，拓展产业链在服务端的能力。数字化转型为传统汽车企业的未来竞争赋予了核心能力。

数字化转型通过对企业核心业务、核心产品和服务进行重塑来提高企业的竞争优势，它带给企业最大的核心价值是构建应对未来挑战和持续发展的能力。

首先，数字化企业将数据变成资产，并基于数据智能提升业务能力和推动业务创新，其价值包括以下四个方面。

一是降本增效。通过在线化和精细化实现效率提升，降低成本。

二是业务赋能。主要是通过数字化方式，在数字世界里解决物理世界难以解决的问题。

三是辅助决策。让数据帮助决策，或以数据智能实现智能决策，进而实现从经验驱动决策向数据驱动决策的转变。

四是模式创新发展。创造一种新的商业模式、新的流程、新的管理模式，让企业具有差异化的竞争力。

其次，数字化围绕用户提供数字化产品和数字化服务。数字化产品千人千面，因此，实现数字化服务前端在线化、后端数据化，才能为用户从购车、用车、养车等方面提供个性化服务。只有数字化才能实现超出用户预期的体验。

最后，随着数字化、网络化、智能化的不断发展，无论是汽车、企业还是用户，都将成为生态中的一员。企业只有实现数字化转型才能打造出有利于自身长远发展的生态。

第二节　汽车公司数字化转型的实践重点

汽车企业要实现向移动出行服务商的转型，需要以数字化技术为核心，持续推动产品、服务、商业模式、技术应用等方面的创新。数字化转型的实施既要全面广泛，也要把握重点、循序渐进。下面首先简要介绍当前国内外汽车企业数字化转型的热点，然后提出汽车企业数字化转型的四个实施重点。

一、汽车企业数字化转型的推进热点

面对数字化的发展趋势，传统汽车企业已经开始了数字化转型。当前汽车企业数字化转型主要在产品数字化、业务数字化、大数据应用等方面，不同企业侧重点不同，但都取得了一定成效。产品数字化主要以智能化、网联化的功能为主，汽车企业积极与 ICT 公司合作；业务数字化以应用数字化技术提升业务为主；大数据应用得到了各企业众多业务领域的重视，有着广阔的前景。

（一）汽车企业与 ICT 企业合作推进数字化产品

随着国内外汽车企业积极布局电动化、智能化、网联化、共享化的"四化"战略，越来越多的汽车企业一方面在研发上投入巨资开发"四化"产品；另一方面与 ICT 企业携手，或打造产品，或成立合资企业，共同推进"四化"战略的落地。

早在 2016 年，上汽集团、阿里巴巴就以汽车远程服务提供商（TSP）为桥梁，依托阿里巴巴在生态、云计算、大数据方面的优势，联合推出了新一代互联网汽车。上汽和阿里的合作是传统汽车企业与互联网公司合作的范例，催生了以 RX5 为代表的互联网汽车。通过 AliOS+ 云平台赋能，导入完整的阿里生态，打开了汽车产业新的发展格局，也标志着汽车产业的竞争从车延伸至车生态。

其他互联网企业也积极与车企合作。像百度就构建了由汽车企业、软件公司、供应商等形成的自动驾驶开发生态。百度的 Apollo（阿波罗）系统是面向汽车行业及自动驾驶领域的软件平台，也是自动驾驶生态圈的产物。目前，Apollo 系统已经成为全球最大的自动驾驶开放平台，建设了自动驾驶、车路协同、智能车联三大开放平台，拥有的生态合作伙伴几乎囊括全球所有的主流汽车制造商（宝马、戴姆勒、大众、丰田、福特、现代、一汽、北汽、长城、吉利、奇瑞等）、一级零部件供应商（博世、大陆、德尔福、法雷奥、采埃孚等）、芯片公司、传感器公司、交通集成商、出行企业等，覆盖从硬件到软件的完整产业链，在全球拥有上万名开发者。

现在，越来越多的传统汽车企业积极与 ICT 企业紧密合作，共同打造智能网联汽车，如广汽与华为、长安与腾讯、一汽与华为、吉利与阿里等，推出的汽车产品智能化程度越来越高。

尽管汽车企业在智能化、网联化等方面取得了长足的进步，但汽车的数字化功能在用户体验上还有待进一步提升。例如，智能座舱中的数字按键、语音交互、手势/面部识别等感知方式都已有应用，但准确性、实时性还需要继续提升。此外，与传统汽车的质量标准相比，智能网联汽车数字化方面的质量问题突出，亟待汽车企业加大力度，快速提升。

（二）汽车企业推进业务数字化

信息技术具有极强的穿透力，可以应用于业务的每个方面。因此，汽车企业业务的数字化应贯穿研发、制造、供应链、营销、服务等全价值链。如前面章节所述，信息技术与业务融合的三个阶段是辅助、支撑、支配。信息技术与业务融合的程度不同，将产生不同的效果。

国内外传统汽车企业在业务数字化方面已经实现或正在推进的工作有以下几项。

1. 数字化研发

通过研发过程、研发知识、研发工具等的数字化，实现企业内外部的协同研发，缩短新车迭代周期。大型汽车企业（如广州汽车、长安汽车等）都建立了全球研发网，数字化赋能高效协同，并成为研发模式创新的有力手段。

2. 数字化生产

通过物联网、人工智能、虚拟现实等技术，优化生产排期、物流管理、能耗管理、质量检测等汽车制造环节，实现个性化定制、柔性生产。

3. 数字化营销

丰富用户购车过程中的数字接触点，建立线上线下协同的营销体系，以更低成本、更高效率获取用户。传统广告以品牌传播为基础，以打造知名度和美誉度为目标，投资效率较低。数字化营销是以广告精准投放为标志的效果营销，在各环节充分利用技术手段为汽车品牌在人群中精准定位目标用户，有效提升品牌宣传效果，降低成本。通过建设广告监测系统，在广告投放前出谋划策，投放中实时监管，投放后深入洞察，从而突破传统营销模式，实现精准广告投放。例如，广汽本田建设了数字广告监测体系来准确评估各营销活动的投放效果，长安福特也建设了数字化营销平台。

4. 数字化服务

通过数字化平台，提升用户购车、用车全过程的体系服务。未来，客户的服务体验的重要性将持续上升。例如，广汽丰田对现有4S店进行数字化、智能化升级，建设成智慧门店，为客户提供更好的数字化服务体验。

（三）汽车企业重视大数据赋能

不管是产品的智能，还是业务的提升，最终都要通过数据的智能应用来实现。汽车企业越来越多地应用大数据赋能业务，取得了明显成效。

德国宝马利用数字化提升用户体验，通过分析用户的驾驶行为和需求，使产品的设计、制造、交付和使用等方面都更贴近用户的需求，从而挖掘更多的市场信息。

东风日产应用大数据实现渠道优化，例如，东风日产的营销资源在各个网络渠道（如门户网站、搜索和微博）的投放就是根据互联网上用户行为轨迹来确定目标用户的，并且通过门户网站带来订单线索，再对潜在用户进行电话回访，推动用户线下交易，实现线上与线下的协同营销。

上汽集团通过采集用户数据和需求，实现电商平台个性化服务。根据享道出行提供的用户线上数据和上汽提供的产品服务，自动判断用户潜在需求，将用户需要的服务和商品在用户需要的时间点及时推送给用户，实现了基于用户个性化需求的汽车后市场服务，提高了用户体验品质。

现如今，数据就是资产。过去我们通常只把企业自己拥有的数据看作资产，现在，随着数据采集、传输、存储、分析等能力的不断提升，企业内部的业务数据、物联网数据，以及外部的第三方数据、社交媒体数据都可以产生价值，因此都可以看作企业的资产。例如，汽车大数据舆情分析可以为企业在了解客户、洞察市场、竞品分析、危机处理等方面发挥作用。应用网络爬虫技术对社交网站、论坛、电商、新闻网站、手机客户端等社交媒体进行实时监测，产生的数据就可以创造价值。对这一外部数据进行分析，企业就可以获得客户对自己产品及其各方面特性的评价和正负性情感，做到知悉自己的客户；也可以了解自己产品在市场中的舆论热度，以及在各网络平台获得的关注度，做到知悉自己的产品；可以通过掌握竞品在关注度、口碑、产品特性等方面与自己产品相比的优劣，做到知己知彼。再加上汽车产品工况复杂，驾驶人员技术和能力参差不齐，难免出现突发事件，舆情监控和大数据智能分析对突发危机事件能做到及时获知、及时分析、及时处理，帮助汽车企业妥善处理危机。

二、实践重点 1：汽车产品的数字化

未来，汽车将成为智能网联数字化产品，而汽车的智能化与数字化直接相关。例如，智能驾驶的整个过程涉及数据采集、传输、分析、基于人工智能的算法和决策、决策驱动的应用。因此，智能化的本质是数字化，智能化产品就是数字化产品。

首先，汽车自身拥有车载系统及嵌入式软件，汽车也有操作系统，管理和控制着汽车的硬件资源和功能软件。车载终端可安装第三方 App，如 CarPlay、Android Auto 和 CarNet 等，还有一部分是以汽车为场景的互联网应用软件，如路况应用、导航 App、车内娱乐系统、打车 App、汽车服务 App 等。

其次，智能网联汽车不再是独立运行的机电产品，还涉及汽车在运行时生态圈为用户提供的各种数字化服务。例如，汽车周边的服务涉及围绕汽车的智能方案，如智能停车、智能车库、智能交通等，代表企业有 Uber、P2P 租车等。

智能化程度越高，数字化程度越高。产品数字化是企业数字化转型的重点。

（一）智慧出行

智能网联汽车的发展将为我们提供便利、高效、安全的交通服务，极大改变我们的出行方式，同时促进智慧城市的发展。智能交通是将先进的人工智能、信息通信、传感与控制等技术应用在地面交通管理系统中，以减少交通堵塞、提高现有道路通行能力的新兴技术。车联网是智能交通的重要组成部分。V2X（X 代表 Everything，即任何事物）产生的大数据将传输到智能交通管理平台，以用于调控交通，引导车和人智慧出行，提高车辆使用效率。

智慧出行与单车智能、V2X、智能交通和智慧城市密切相关。

汽车互联支撑汽车更加智能化。车联网并不只是把车与车连接在一起，它还把车与行人、车与路、车与基础设施（信号灯等）、车与网络、车与云连接在一起，即 V2X。因此，车联网是一个非常庞大的体系。车联网分为车内网、车际网和车云网三个网络层级。车内网以提供与车相关的服务为重点，车际网以服务出行为重点，车云网则提供各种生活服务。

V2X 通过车与车、车与设施、车与人、车与网交互等，提升了自动驾驶车辆的感知广度和深度，这样不仅能够提高驾驶的智能性和安全性，而且能够整体提

升交通效率。V2X与单车智能的融合，一方面使自动驾驶能力得到提升；另一方面也有效降低了自动驾驶对单车的要求和成本，从而加速了自动驾驶的商用进程。

智能网联汽车将是单车智能+V2X车路协同，智能交通则是智能网联汽车+智慧交通服务。要实现智慧出行，必须在车端、路端、云端构成生态系统，在车端需要打造智能化、网联化汽车产品，在云端需要打造生态云平台。从网络上看，智能联网汽车是一个"端—管—云"三层体系。

第一层，端系统。在车端，通过智能驾驶、智能座舱、整车智能控制实现自动驾驶和车路协同。端是智能终端，是车联网平台主要的数据来源。端系统是汽车的智能传感器，负责采集与获取车辆的智能信息，感知行车状态与环境，也是具有车内通信、车与车之间通信、车与网络通信的泛在通信终端。

第二层，管系统。管是通信基础设施，提供连接和数据传输。在管端，通过车与车、车与路、车与网、车与人等的互联互通，实现车辆自组网及多种异构网络之间的通信与漫游。5G技术的产生，依托其低时延、大带宽、高可靠性的特点，为车联网应用场景开拓了新思路，也使得车联网与自动驾驶融合成为必然趋势。5G助推智能网联向"单车智能+车路协同"演进。

第三层，云系统。云是车联网云服务平台，也是信息交换中心。在云端，车联网的云平台提供救援服务、道路服务、内容服务、保险服务、第三方服务以及云端的云生态里的各种各样的服务。车联网是一个云架构的车辆运行信息平台，是多源海量信息的汇聚，其应用系统是围绕车辆的数据汇聚、计算、调度、监控、管理与应用的复合体系。云服务平台为联网的汽车提供远程的海量存储、计算等数据处理能力。

此外，以车联网生态圈为基础，通过将车辆接入智慧城市系统实现智能交通等，智能网联汽车将成为智能交通的核心部分。

（二）智能网联的汽车架构

智能交通的实现，有赖于智能驾驶、5G、V2X等智能网联技术。智能驾驶技术是通往未来出行的关键技术，单车智能是焦点。但单车智能面临诸多挑战。首先，成本高，以激光雷达为代表的传感器费用可占单车成本30%以上；其次，车内信息无法与其他车、人、路交互，成为"孤岛"；最后，多数传感器并不能全天候工作，当遇到雨雪天气，探测距离急剧缩短，安全隐患增大。如果 L5 级无人驾驶完全依赖单车智能，将对感知、决策和控制提出极高要求，技术难度和成本也显著增加。

车联网是实现智能网联汽车的重要技术之一。如果车与车、车与路、车与云服务等及时通信协商，不仅智能驾驶难度会降低，而且驾驶将会更安全，交通效率也会更高。基于车联网的车路协同可大大弥补单车智能感知和决策上的不足，推动自动驾驶早日落地。

智能网联汽车是指车联网与智能汽车的深度融合，是搭载先进的车载传感器、控制器、执行器等装置，并融合现代通信与网络技术，实现车与人、车、路、后台等智能信息交换共享，实现安全、舒适、节能、高效行驶，并最终成为可替代人工操作的新一代汽车。

一个完整的智能网联汽车架构由智能驾驶汽车、车联网云服务平台、车主移动应用、车联网大数据平台等组成（如图 4-1 所示）。

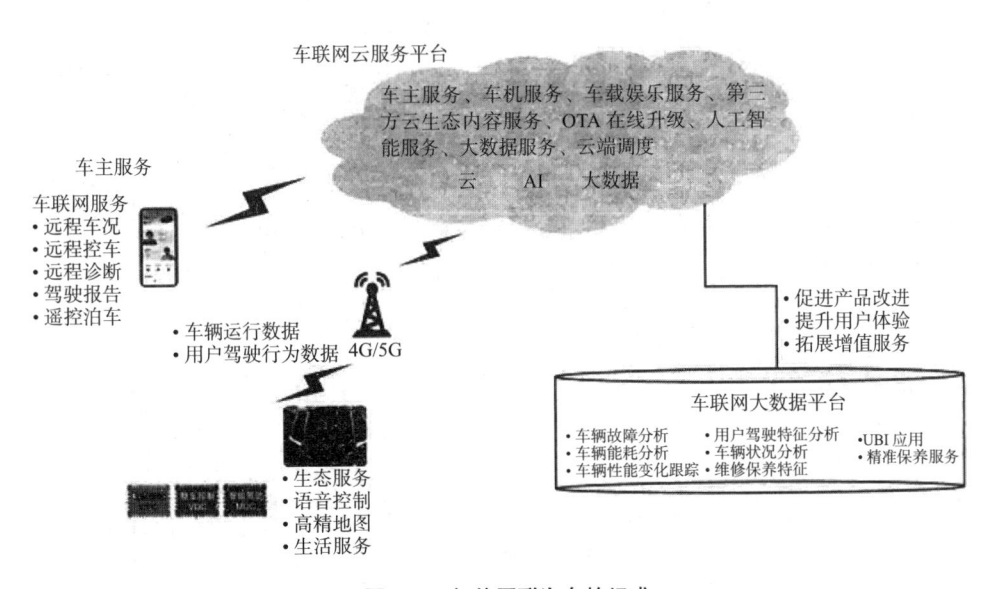

图 4-1　智能网联汽车的组成

（三）智能驾驶汽车

通过不断集成信息和通信技术的发展成果，汽车的智能化程度越来越高。智能化不再是为汽车锦上添花，而是成为打造汽车核心竞争力不可或缺的一部分。

今天的智能网联汽车越来越依赖其产品内的软件和产品外的服务平台，功能和性能越来越依赖软件而非硬件，因为升级软件可在不更换硬件的条件下，实现汽车功能、性能、体验的持续迭代更新。软件的不断升级使汽车常用常新，因此"软件定义汽车"产品以软件和数据作为业务的核心和驱动力。

车端智能通过软件定义来实现。在智能驾驶、智能座舱、整车控制等方面，通过电子电气架构、操作系统、核心算法、嵌入式软件、车载应用软件等方面的软件定义，实现车端智能。

软件定义汽车的核心是软件定义硬件，硬件成为共享资源，软件按需调用硬件，所以首先要软硬解耦，以统一的架构和平台打造统一的开发环境。智能网联汽车的整车控制以集中式 EE 架构、中央计算、软硬解耦、通信来实现，而要实现高效的车内数据传输及车与外界的通信，需要更先进的电子电器架构和更快、更好的汽车总线技术。随着 5G、DSRC、RFID 等移动通信技术的应用，未来的汽车必定会变得更高效、更智能、更安全。

1. 智能驾驶

智能汽车的智能化程度越来越高，终极目标是完全的自动驾驶。美国汽车工程师学会（SAE）将自动驾驶技术分为 L0~L5 六级，即无自动化（完全人类驾驶）、驾驶支持（机器辅助驾驶）、部分自动化（部分自动驾驶）、有条件自动化（有条件自动驾驶）、高度自动化（高度自动驾驶）和完全自动化（完全自动驾驶），如表 4-2 所示。

表 4-2　SAE 自动驾驶分级

分级	L0	L1	L2	L3	L4	L5
称呼（SAE）	无自动化	驾驶支持	部分自动化	有条件自动化	高度自动化	完全自动化
SAE 定义	由人类驾驶者全权驾驶汽车，在行驶过程中可以得到警告	通过驾驶环境对方向盘和加速减速中的一项操作提供支持，其余由人类操作	通过驾驶环境对方向盘和加速减速中的多项操作提供支持，其余由人类操作	由无人驾驶系统完成所有的驾驶操作，根据系统要求，人类提供适当的应答	由无人驾驶系统完成所有的驾驶操作，根据系统要求，人类不一定提供所有的应答。限定道路和环境条件	由无人驾驶系统完成所有的驾驶操作，可能的情况下，人类接管，不限定道路和环境条件

续表

分级		L0	L1	L2	L3	L4	L5
主体	驾驶操作	人类驾驶者	人类驾驶者/系统	系统			
	周边监控	人类驾驶者			系统		
	支援	人类驾驶者		—		系统	
	系统作用域	无	限定场景				所有场景

2020年3月10日，工业和信息化部发布了《汽车驾驶自动化分级》国家标准，将驾驶自动化分成0～5级，共6个等级。[①]

（1）0级驾驶自动化（应急辅助）。系统具备持续执行部分目标和事件探测与响应的能力，当驾驶员请求驾驶自动化系统退出时，能够立即解除系统控制权。

（2）1级驾驶自动化（部分驾驶辅助）。系统具备与车辆横向或纵向运动控制相适应的部分目标和事件探测与响应的能力，能够持续执行动态驾驶任务中的车辆横向或纵向运动控制。

（3）2级驾驶自动化（组合驾驶辅助）。系统具备与车辆横向和纵向运动控制相适应的部分目标和事件探测与响应的能力，能够持续执行动态驾驶任务中的车辆横向和纵向运动控制。

（4）3级驾驶自动化（有条件自动驾驶）。系统在其设计运行条件内能够持续执行全部动态驾驶任务。

（5）4级驾驶自动化（高度自动驾驶）。系统在其设计运行条件内能够持续执行全部动态驾驶任务和执行动态驾驶任务接管。

（6）5级驾驶自动化（完全自动驾驶）。系统在任何可行驶条件下持续执行全部动态驾驶任务和执行动态驾驶任务接管。

---

① 唐湘民.汽车企业数字化转型认知与实现[M].北京：机械工业出版社，2021.

总体上,《汽车驾驶自动化分级》与现有 SAE 的分级相似度非常高,同样将自动驾驶分为 L0~L5 共 6 个等级,两者仅在命名和部分细节上存在微小差异。

目前 L2 级智能驾驶功能进入普及期,L3 级智能驾驶功能处于量产前夕,L4~L5 级智能驾驶功能预计需要 5~10 年才能实现量产落地。

以人工智能技术为核心的智能驾驶系统通过车辆传感信息、联网信息进行智能决策,通过执行机构实现自动驾驶。汽车的各项智能化功能都是通过感知、分析、决策、执行四个步骤完成的,如图 4-2 所示。

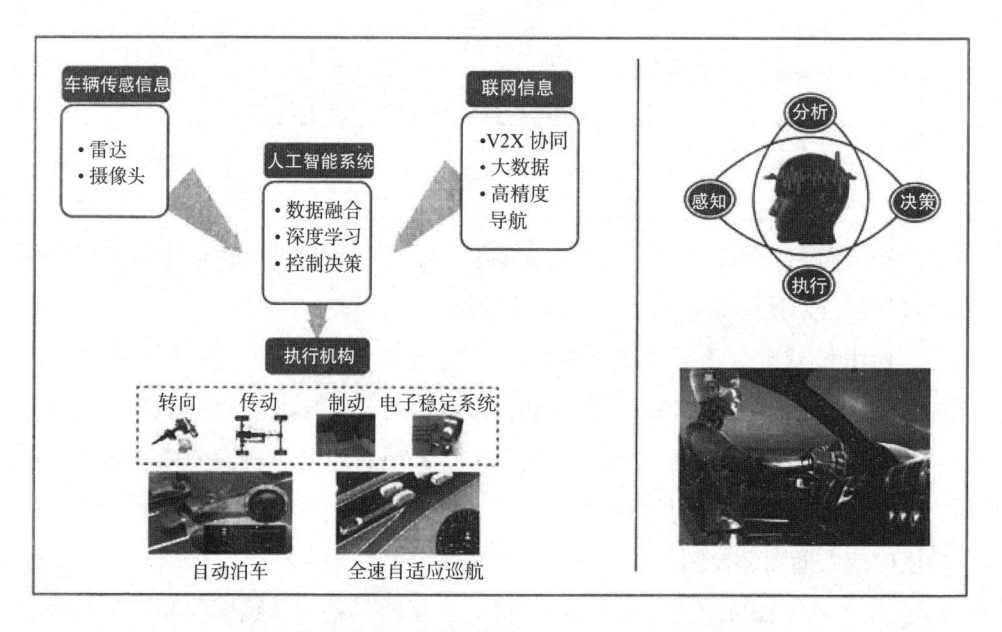

图 4-2 智能驾驶及感知、分析等 4 个步骤在车辆控制上的实现

智能驾驶用到的雷达、摄像头等传感器用来对车辆周围环境进行感知,包括车道线识别、交通灯识别、障碍物测距、可行驶区域识别等。感知也包括智能座舱中对乘员的监控,即对乘员的手势识别、唇语识别、情感识别、健康监控。

感知采集的数据在汽车"大脑"——域控制器中进行分析,做出决策,并通过软件驱动执行机构,实现智能驾驶。

决策规划包括场景理解、行为决策、轨迹规划等。决策规划依赖感知、高精度地图和高精度定位提供的信息,将车辆运动轨迹输出到控制执行模块,为驾驶方案提供信息支持。

控制执行包括横纵向控制、动力学建模、状态估计、拟人化控制,以实现智能驾驶功能,包括车道保持、自适应巡航、自动泊车、自动紧急刹车等。

特斯拉的自动驾驶系统 Autopilot 是目前最重要的汽车应用软件。传统车与智能汽车的最大区别在于驾驶系统。特斯拉 Autopilot 行驶里程超过 20 亿公里,远超其他竞争对手。但目前主流智能汽车配备的都是辅助驾驶系统,尚无企业实现完全自动驾驶。

2. 数字座舱

数字座舱即智能座舱。用户对车的感受、功能和性能的体验都是通过座舱实现的,这直接决定了消费者对车的体验感受,因此智能座舱是 OEM(主机厂)的核心竞争力。

汽车传统座舱是以机械按键、旋钮为主,整体信息显示简单。智能座舱的典型功能十分丰富,有全液晶仪表、车联网、IVI(车载娱乐系统)、ADAS(高级驾驶辅助系统)、语音识别、手势识别、AR、AI、全息、智能座椅、驾驶员监控、透明 A 柱、HUD(抬头显示)技术、电子外后视镜、指纹识别、智能氛围灯等。

智能座舱的功能大致可分为功能执行、感知与输入、信息输出。

"智能"是通过功能特性来体现的,汽车具备了"功能",才能有效提升用户体验。比如具备了识别驾驶员身份的功能,就可以基于此功能为不同的驾驶员提供个性化的驾驶参数以及基于参数的定制化设置。

多样的功能是智能座舱的基础,但要触发功能,感知与输入是必不可少的。应用摄像头、眼动仪、指纹识别器等,使得车辆具备身份识别、疲劳检测、手势识别等感知能力,从而使得功能的触发体验比传统的按钮式座舱更好。

一辆传统汽车的舒适性在车的人机工程、空间设计和 NVH(噪声、振动与声振粗糙度)等方面设计完成后就确定了。而软件定义汽车,能对智能座舱实现千人千面、千车千面的个性化体验。例如:一辆私家车,家庭成员用车时座椅、方向盘、后视镜等设置一般不同,这样的个性化设置应该能够自动调整;而信息娱乐的内容推送则应该通过用户画像提供个性化的内容,做到千人千面。这将是智能座舱发展方向。

智能座舱通过将独立的硬件、软件、功能等进行打通、整合、统一,最终形成一个系统的、整体的、综合性的体验产品。基于智能座舱软硬件平台,融合数字化显示技术、情感化互助技术、多模态人机界面设计、人性化车联网服务等多种技术，打造出高性能数字座舱，才能为用户提供超出期待的数字化产品。

3. 整车控制

特斯拉采取了集中式的电子电器架构，自主研发了底层操作系统，并使用中央控制器对不同的域控制器和 ECU（电子控制单元）进行统一管理，就可以通过系统升级持续改进车辆功能。特斯拉的电子电器架构与个人计算机（PC）和智能手机非常相似，OTA（车载系统在线升级技术）功能可以像智能手机的软件版本升级一样进行整车系统升级，从而持续给用户带来新的功能、内容和体验。软件升级持续提供车辆交付后的运营和服务，在一定程度上实现了传统 4S 店的功能。

此外，只有软件主导的产品才能实现持续升级、自我学习、不断完善。

（四）车联网平台及服务

车联网平台连接车辆、用户、云生态平台，构成智能网联汽车生态。车联网平台包含四部分：车载主机（车机终端）、车载 T-BOX（Telematics BOX）（车联网智能终端）、手机 App，以及由车联网云服务平台和车联网大数据平台组成的后台系统。车载主机主要用于车内的影音娱乐和车辆信息显示；车载 T-BOX 主要用于与后台系统/手机 App 通信，实现手机 App 的车辆信息显示与控制。在用户通过手机端 App 发送控制命令后，车联网云服务平台向车载 T-BOX 发出监控请求指令，车辆在获取到控制命令后，通过 CAN（控制器局域网）总线实现对车辆的控制。这个功能使用户可以远程控制汽车，如启动发动机、打开空调、调整座椅等。T-BOX 又称"TCU"（车联网控制单元），简单来说，就是安装在汽车上用于控制和监控汽车状态的嵌入式计算机。

车联网应用端有车机终端和用户手机终端，云端提供车联网云服务和生态的各种内容服务，同时为多屏提供服务，包括手机屏、车载终端及电脑屏等，使我们能实现车联网提供的远程控制，获取各种娱乐信息以及方方面面基于生态的车生活服务。后台是车联网大数据平台，车联网大数据包括驾驶行为数据、信息娱乐数据、车辆状态数据等丰富的数据源，为产品优化、智能服务、用户体验优化提供极有价值的依据。

1. 车联网平台

智能网联云平台是智能网联汽车的基础，是实现汽车新"四化"的重要前提。

云端智能由车联网云平台提供服务，主要包括对汽车软件的 OTA、车机终端、车主 App 的服务。

云端服务首先是 OTA 功能的服务，包括软件的发布和升级，为此，需要在云平台为每一辆车建立数字镜像，即孪生建模，并管理每辆车的所有软件状态。云平台同时提供对软件产品的发布、使用和智能推荐的管理。

OTA 是实现软件定义汽车的关键技术，涉及 OTA 云端和车端系统、信息安全、CAN 网络技术、以太网技术。通过在管理平台发布远程软件升级、车辆联网在线下载更新软件，实现车辆嵌入式芯片自升级、CAN 网络控制器软件更新、以太网控制器软件更新。

车云网使汽车企业能够通过车联网云平台采集用户应用行为数据，并结合地理位置等信息，借助云计算、大数据等前沿技术，进行"千人千面"的个性化内容推荐，以提升用户体验，增加用户黏性。车云网也能使汽车企业与云平台供应商共同打造车联网生态，把云计算的各种服务能力及生态赋予传统车企，提供给网联汽车如出行、生活类的各种服务。

2. 车联网服务

云服务平台还为车主 App 和车机终端提供服务。随着车联网技术的发展，越来越多的功能得以实现。

车主 App 车联网服务包括远程车况监控、远程控车、远程诊断、驾驶报告、遥控泊车。

车机终端车联网服务包括道路救援、语音控制、在线导航、CarLife、CarPlay、OTA 升级等功能，以及实时车辆状况监控、生态服务、语音控制、高精地图、生活服务等。

从现实角度来看，车联网平台将人（车主）、车、主机厂及其服务三者联系起来了。车主与车的互联使车主可以通过移动 App 查询车况和远程控制车辆；车主与服务的互联使车主可以获得行程分析的服务；服务和车的互联使车可以自动得到服务平台根据车所要行驶路线提供的实时路况信息。

电动汽车的电池管理系统（BMS）实现对电池健康状态的远程实时监控。电池技术直接关系到用户关心的续航里程、充电时长等问题，对电池状态的远程实时监控可以消除用户的里程焦虑，还可以防止电池着火自燃等导致的严重安全问题。

随着通信技术的不断发展，车联网从关注车（车辆信息的读取与控制）、关注人（个性化信息娱乐）到关注人—车—路协同，为最终实现自动驾驶和智慧交通提供了技术支撑。

车联网的应用将从信息服务向辅助驾驶、自动驾驶的方向发展。辅助驾驶提供安全和效率服务，包括紧急刹车、危险提示、交通灯提醒、交叉路口碰撞预警等；自动驾驶实现协同智能，包括车辆编队、高级驾驶、远程驾驶等。

越是高阶的车联网服务，汽车企业越重视保障数据的安全和运营的主动权，因此，汽车企业都开始自建智能网联云平台。

在数字化服务方面，车联网服务不仅能满足用户对功能的需求，还能满足用户对体验、情感的需求，包括提供"助手式"的即时个性化服务。未来，服务体验的重要性将超越车本身的驾驶体验。

但车联网服务对网络的依赖较高。在 3G、4G 网络下，座舱主要通过展示行车参数、驾驶辅助信息、导航、信息娱乐、通信几个方面来满足用户需求。由于实时性差、更新慢、导航不准等问题，用户多倾向于使用手机导航。一些领先企业（如斑马汽车）的深度定制导航大幅提升了体验，使用户在车内 80% 的情况使用的是车机而非手机。信息娱乐目前以音乐、收音机为主，功能比较单一。在 5G 逐渐普及以后，数字化服务将可以提供更加丰富的内容，如汽车 O2O 服务/在线交易、智能家居及多设备互联同步、车载在线支付、P2P 共享、结合兴趣点的定制化地图、更加丰富的信息服务及娱乐方式。这些丰富的服务内容让车的使用更加方便、高效。

（五）车联网大数据及应用

车联网是汽车企业连接汽车产品的桥梁。车联网数据包括车辆性能数据、驾驶行为数据、信息娱乐数据等反映汽车运行、驾驶行为、汽车所处环境等极具研究价值的信息。车联网数据无疑是汽车企业的核心资产。

例如：通过车辆远程监控平台进行车辆在线监控、车辆出行分析、电池数据分析、报警数据分析，就能实现故障前、故障时、故障后的预警、报警与主动服务。

1. 车联网大数据

车联网大数据采集来自车、驾乘人员、环境等的数据，就能形成车联网全景图,这是自动驾驶、产品力提升、数字化服务的基础。

车联网的数据主要来自传感器。现在的网联汽车拥有60~100个传感器,但是随着智能化的提升,传感器还会越来越多。传感器既用于感知外部环境,也用于监测车的状态信息。外部环境数据包括摄像头监测的路面路况、防碰撞的传感器信息等,汽车状态数据包括对很多零部件(如空调、音响、摄像头、发动机、轮胎等)的监测信息。例如,安装了传感器的轮胎,就可以采集胎压数据,监控轮胎的状态。

汽车在运行时的数据非常重要,可以采集的数据也很多,如以下几类常见的数据。

(1)整车数据:车辆状态、运行模式、车速、里程、挡位、空调、胎压及位置数据等。位置数据可以详细到定位状态、经纬度、速度、方向、海拔等。

(2)发动机的数据:发动机状态、曲轴转速、燃料消耗率等。

(3)新能源汽车电机、电池数据:电机状态、电机转速、电机转矩、电机温度、电池电压、电池电流、消耗率、充电状态等。

(4)故障报警数据:温度异常、电压异常、电机故障、发动机故障等。这些故障数据对分析故障原因至关重要。

(5)用户行为数据:个性化服务的基础信息。汽车企业通过分析用户驾驶行为,如对登录、访问内容、访问时间、点击行为、注册资料等的分析,能为优化汽车产品、提供更个性化的应用服务做好决策支撑。

通过"车内网"将车内各个部件的数据传输给车的"神经中枢",再汇集到云端,通过对汽车数据的分析、应用,再分析、再应用,就能推动汽车智能不断向前演进。

2.车联网大数据应用

车联网大数据具有广阔的应用前景,其应用可以促进产品不断优化改进,提升用户体验,拓展增值服务,主要用途如下。

(1)促进产品改进:对用户驾驶行为、驾驶场景、用车行为、车辆自动驾驶等数据进行分析和挖掘,促进自动驾驶、智能网联、底盘系统、新能源、动力总成、整车性能等的研发;对车辆故障、车辆能耗、车辆性能变化跟踪的数据进行深度分析,对提升产品质量、提高产品性能十分有效;对车辆使用量和各功能进行分析，就能洞悉车辆最常用的功能是什么，最少用的功能是什么，以优化产品。

（2）提升用户体验：对用户驾驶特征、车辆状况、维修保养特征等进行分析，在必要的时刻提醒用户进行车辆保养，提供对应服务，提升用车体验。

（3）拓展增值业务：如 UBI（基于使用的保险）应用、精准保养服务、服务信息推送、大数据产品服务等。

从另一个维度来看，基于车联网数据，可以对人、车、人—车—路协同和智慧出行提供智能化服务。

①对人：

A.基于车主用车行为（驾驶里程、驾驶时间、能耗数据），构建驾驶行为评价体系，设计评价模型，提供个性化的维保服务和驾驶建议。

B.基于使用量的汽车保险：基于具体驾驶习惯和风险的保险责任范围。

C.智能推荐：基于用户画像、场景识别、情绪感知的基础属性、行为属性、偏好属性、时间、地点、环境等数据，智能服务推荐美食、车路协同服务、情感交流、AI车辆健康管理、车联网创新保险等。

D.安全性和辅助驾驶：告知司机有关安全危险和事故等信息。

②对车：

A.实现车辆健康管理，基于车联网大数据的故障码、驾驶风格、关键数据流，进行油耗分析、车辆状态监控、驾驶行为分析，提供车辆状态监控、故障预测性诊断、故障精确诊断。

B.先进的车辆诊断：提供车辆健康和性能的实时视图。

C.预测性维护：基于车辆使用情况的维护建议和分析。

③对人—车—路协同和智慧出行：

根据对车辆数据、驾驶数据、环境数据等基础数据的挖掘分析，进行建模、决策，应用于服务网点选址、预测性维保、绿色出行、智慧交通、安全出行、车路协同等。

三、实践重点2：汽车企业业务的数字化

汽车企业业务的数字化贯穿研发、制造、供应链、营销、服务等全价值链。

数字化不仅对于传统的业务有提升，还带来了业务模式的创新运营。此外，一系列以服务为核心的新型业务也将成为企业的新增长点。因此，业务数字化体现在以下三个方面。

其一，传统业务提升。移动互联网、仿真和AR/VR等虚拟技术、大数据和人工智能等数字化技术在传统业务中的应用带来的提升。

其二，业务模式创新运营。基于数字化平台的业务模式对研发模式、制造模式、供应链模式进行数字化重构，如个性化定制新模式。

其三，数字化服务及新型业务。UBI保险、Magic Box、Robotaxi（城市无人驾驶出租车）、网约车业务、汽车共享业务。

（一）数字化技术应用与业务提升

数字化技术在汽车企业得到广泛深入的应用。汽车企业应用的数字化技术主要有仿真技术、云计算、大数据、人工智能、移动互联网、物联网、通信技术（5G）、区块链等。其中，业务数字化应用的技术有仿真、高性能计算、AR/VR、云计算、大数据、移动应用等技术，而产品数字化应用的技术有人工智能、软件技术、车联网技术。

AR/VR技术让人们获得超越现实的真实体验，再一次冲击着人们的想象空间；人工智能、机器学习技术赋予机器智慧；5G技术、大数据技术使得采集和处理实时数据成为可能；而移动互联网则为实时数据的展示提供了手段。

基于三维数模的设计、仿真、制造早已在汽车行业得到广泛应用，其中以PDM（产品数据管理）系统、ERP（企业资源计划）系统为主的协同平台和高性能计算集群（HPC）为主的计算平台也已在研发制造中发挥重要作用。在企业数字化转型进程中，这些数字化技术还将是支撑汽车研发制造不可或缺的数字化能力，同时已积累了非常多的参考资料，本书将不再赘述。以下内容只简要介绍仿真技术、AR/VR技术、人工智能技术的应用。

1. 仿真技术的应用

计算机仿真技术在汽车研发过程中已经得到非常广泛的应用，取代了大量物理试验。汽车的研发过程需要通过试验或仿真来验证汽车设计的合理性。随着智能驾驶级别的提升，越来越多的无人驾驶场景需要验证，不同于传统汽车可以按照里程来验证设计的可靠性，无人驾驶汽车设计的合理性主要看自动驾驶系统是否能够应对各种驾驶场景。这种场景下的验证与里程无关，而与自动驾驶系统的计算模型相关，因此，仿真技术在自动驾驶的验证上发挥着非常重要的作用。

汽车产品技术博大精深，由于工况复杂，它是个人拥有的产品中唯一需要许可证的产品。但是，兰德公司的研究表明：要证明无人驾驶更安全，需要在各种交通环境下用 100 辆车，全天 24 小时连续测试 225 年。因此，智能网联汽车的设计验证需要通过仿真来完成。自动驾驶的三大主要应用场景如下：

（1）高速公路行驶：高速公路道路环境相对封闭 / 稳定、行驶占据一半以上驾驶总时间，引入自动驾驶可缓解疲劳。

（2）自动代客泊车：停车位资源紧张，停车取车难、耗时多，引入自动驾驶可节约时间和缓解停车困难。

（3）物流低速运输：封闭园区、港口、矿场及工厂等按照固定路线进行低速物流运输，引入自动驾驶能节约人力成本。

2. AR/VR 技术的应用

AR/VR 技术已经嵌入产品或业务活动中了，正在发挥越来越重要的作用。AR/VR 技术进行虚实融合，提升产品感知和品质，如质量感知验证、车身感官品质等，同时为用户提供更好的体验，包括虚拟展厅、数字平台、移动 App、车载多媒体等多样化的用户体验。

以 VR 技术为核心、移动 App 等技术为辅助，基于三维数模与数据建立数字化体验平台。数字化体验平台对业务的支持包括：

（1）不同地域的用户、供应商、合作伙伴、设计中心通过 VR 终端同时参与设计评审。

（2）用 VR 数字化样车替代物理样车进行沉浸式设计，为设计人员节约开发时间，提高效率。

（3）辅助用户在用车过程中的驾驶 / 维修。其应用价值包括减少设计沟通成本，提高研发效率，优化用户用车体验，满足用户个性化定制需求。

3. 人工智能技术的应用

人工智能在自动驾驶、智能交互、汽车设计、汽车制造、汽车供应链、汽车销售、汽车服务中都有重要的应用。

供应链管理是大数据和人工智能赋能的一个重要领域，通过大数据和人工智能优化物流，不仅可以提高配送效率、提升用户满意度，还能节省物流成本。

整车物流是实现商品车价值的重要组成部分，是影响用户提货时效的重要因素。整车物流要在满足用户期望的交货时间、交货地点等要求下将整车高效送达，是评价物流优劣的关键指标。

整车从工厂生产出来，通过多家物流公司组成的物流网络运送到各地的中间仓库、4S店中。在途和在库的车辆形成了车辆库存，占用了大量资金，所以，整车物流是一个资本密集型的行业。由于购车用户分散在全国各地，市场信息瞬息万变，传统靠"人工＋电子表"格管理的路线方案显然是不足以做到每一辆车都有最优运输路线、最短库存时间的。更长的物流时间、不必要的库存调拨，也就意味着更多的资金占用。通过数据技术，将用户的需求与车辆的供给进行动态智能匹配，计算出最佳的货运路线，就可以大幅压缩平均货运时间，大量减少库存资金占用。

（二）业务模式创新运营

数字化运营平台支撑业务从物理世界向数字世界升迁，实现业务数字化运营的模式创新。

一项业务的开展往往涉及多个步骤、众多的参与人员，还需要应用多方来源的数据。以数字化运营平台开展这类复杂业务，比起对业务应用单一数字化技术有更大的价值。

数字化运营平台直达用户，汽车企业可以通过平台了解用户需求，为用户提供个性化定制的产品和各种服务。比如上汽大通的数字化研发、长安汽车的OTD订单到交付、广汽的数字化营销等，都是数字化业务平台化的好的开端。

1. 数字化研发：以用户为中心的设计

汽车产品集成最新科技成果，为用户提供新功能、新体验，但一款集成了众多科技的顶级产品如果得不到用户的认可，也不是一款成功的产品。因此，汽车企业从研发开始就要以用户为中心，从用户的认知出发，设计出他们需要的产品。

2. 数字化制造：按订单生产的个性化定制

为满足用户个性化需求，越来越多的汽车企业开始推进个性化定制生产。个性化定制是汽车企业完全按照客户订单的定制要求进行生产，不同于通常的量产生产方式，个性化定制将客户订单作为拉动整个制造系统的需求输入。客户在数字化平台上可以根据选定的参考车型，选择自己喜欢的内饰、配置和颜色等数字化平台上提供的选项，汽车企业将按照提交的个性化订单安排生产并以最快的速度将汽车送达用户。

OTD，即从订单到交付，是指从用户下订单开始到车辆交付给用户之间的所有流程和步骤。针对最终用户的 OTD 时间包括用户订单、经销商订单、生产计划、生产装配、整车物流共五个环节。从价值链角度，零部件、工厂、物流公司、经销商等的库存意味着数额巨大的资金积压。缩短 OTD 时间可以压缩各类库存，减少资金占用，而这就是在降低车辆成本、降低库存成本、增加利润。

在整车供应链中涉及多个角色：用户、经销商、整车与零部件物流公司、生产工厂等。这些角色属于不同的主体，业务数据在不同的系统中流转，管理难度很高。

3. 数字化营销：通过平台提供数字化营销服务

营销的本质在于创造卓越的客户价值，这决定了客户必然是营销关系的核心。数字化时代，客户成为价值创造参与者而不只是消费者，客户、销售店和主机厂成为更紧密的共生体。数字化技术（连接、数据智能）为构建营销金三角提供了可能。

在营销金三角中客户可以获得销售店（4S 店）可靠、专业的产品交付和售后服务；而销售店可获得品牌背书，快速建立用户信任，并获得主机厂多方面、多层次的支持；主机厂则实现销售模式的创新，从过去以线下加盟经销商为主的销售模式转变为线上线下双触点模式，主机厂也将直接参与客户沟通，并运营客户社群。

（三）数字化服务及新型业务

汽车企业通过车联网连接产品，通过服务平台连接用户，正在形成"以用户为中心"的新生态，并衍生出一系列新业务。

1. 数字化服务

汽车企业的最终使命是为用户提供具有丰富车生活的移动出行服务。在无人驾驶实现之前，汽车企业的数字化服务主要体现在打造用户购车、用车全过程的服务体系，并通过建设数字化平台，利用线下线上协同和智能化技术，大幅提升服务能力。

在购车方面，提供数字化平台，使用户可以方便地进行个性化选配、跟踪车辆物流、申请购车贷款、购买车辆保险等；在用车方面，为用户出行提供加油、充电、维保、停车等各类车生活服务。

不管是造车新势力，还是传统汽车企业，都越来越重视数字化服务。

在造车新势力中，蔚来汽车致力于为用户创造愉悦的生活方式，通过高品质的产品与服务，蔚来汽车期望为用户提供超越期待的全程体验，在每一个触点为用户创造惊喜。

2.新型业务

数字化时代，汽车产业遵循"微笑曲线2.0"的产业特征，价值链将延伸到服务。由此带来模式创新和一系列新型业务。

从技术上来说，汽车企业通过云计算、工业互联网建设实现企业向服务转型升级。以用户为中心的服务带来新型业务，如UBI、Magic Box、Robotaxi、网约车业务、按需出行共享服务。

例如，汽车保险提供以下UBI新型服务模式。

一是按里程保险模式：根据每月实际驾驶里程支付保费。

二是驾驶习惯折扣保险模式：驾驶习惯优良者可获得30%额外折扣。

三是车联网保险模式：基于驾驶习惯提供差异化保险服务。

从产业形态上来说，汽车企业上下游产业链的打通、服务生态的全面协同是企业数字化转型的前瞻性内容，也将为企业培育新业务、引领未来业务发展。

此外，汽车企业应该树立起用户是资产的观念。汽车企业的用户都是百万、千万级的，这些用户具有巨大的潜在商业价值，关键看企业有没有能力变现。

四、实践重点3：汽车企业竞争优势的生态化

很多汽车企业提出要从汽车制造厂商转型为移动出行的服务商。智能汽车的车生活将使汽车成为移动出行的服务中心，汽车产品将成为生态中的一员，汽车的开发、运行都需要强大的生态支持，因此，汽车企业的竞争也将演变为生态实力的竞争。

汽车企业应以创造价值为目标，延伸产业链，构建人、车、生活的新生态。例如，支付、地图、语音识别、人脸识别等都需要生态系统提供支撑。芯片、雷达、T-BOX 等设备的 ICT 厂商，音乐、广播等数字内容提供商也加入了汽车供应链，并占据重要地位。

无论是产品的智能化还是数字化服务，都需要汽车企业打造自己的生态圈。汽车企业应牵头搭建产品开发生态圈，构建自身的产品开发核心能力。同时，汽车企业也要打造智能服务的生态圈。

（一）产品开发生态

汽车智能驾驶的终极阶段是无人驾驶，这将经历智能辅助驾驶、有条件的自动驾驶、完全自动驾驶等阶段。随着汽车的自动化程度越来越高，涉及的技术越来越深，其生态圈也越来越大，而生态圈的核心是车企和互联网领军企业。造车新势力与互联网企业关系密切，都有互联网公司做后盾：蔚来汽车身后是腾讯，小鹏汽车身后是阿里，理想汽车身后是美团，威马汽车身后是百度。

智能网联汽车通过传感器、通信系统对周围车辆、道路、环境及云端的感知使 V2I（车联基础设施）、V2V（车联车）、V2P（车联人）三者互联互通，集成智能应用，形成的智能出行生态圈是汽车生态系统的核心。生态的打造，不仅是技术，更是一种意识。汽车企业要牵头搭建生态合作平台，构建自身的核心能力，还要学习互联网思维，合作各方，发挥各自优势，快速取得成功。

产品数字化需要构建生态。产品开发生态圈包括汽车企业、车联网服务商、供应商、互联网 / 云平台企业、应用和服务企业等。

以苹果为例，苹果建立的开发生态圈就是典型的众创模式，而 App Store 是苹果生态系统的核心，其中应用所产生的 70% 的利润归开发者所有，而苹果公司则轻松获得 30% 的利润。

汽车也一样，有操作系统，也可以开放给所有开发者，让大家开发在汽车操作系统上运行的应用。车机是汽车智能化的一个终端，在此终端上可以有工作、学习、娱乐等方面的各种应用：从助手到导航，到地理搜索，到按需点播的电影和音乐，再到即时通信等。这些应用不可能全部由汽车企业的开发人员来完成，而需要全社会的应用开发者共同努力。因此汽车应用软件的开发也需要生态，车联网平台等数字化运营平台将是开放的平台。

（二）智能服务生态

汽车将从单纯的出行工具发展为提供智能出行、汽车后市场服务及互联网服务的载体，为用户创造一种新的生活方式。传统的汽车上下游产业链也将逐渐向产业圈演变，形成汽车企业、零部件供应商、软件和计算单元供应商、智能出行服务商等综合生态圈。生态圈丰富的内容和强大的功能将为用户提供前所未有的便利服务和充满惊喜的生活体验。

打造以汽车企业为核心的生态圈能为生活创造出全新的价值（如图4-3所示）。通过汽车与各智能设备（智能设备、家居设备、办公设备等）互联互通，使家庭、工作和出行三者融为一体，提升效率并创造新的价值。例如，汽车同其他智能终端（如手机、手表、智能家居等）形成互联生态，多端联控，用户就可以从车内启动洗衣机、打开电饭煲等。

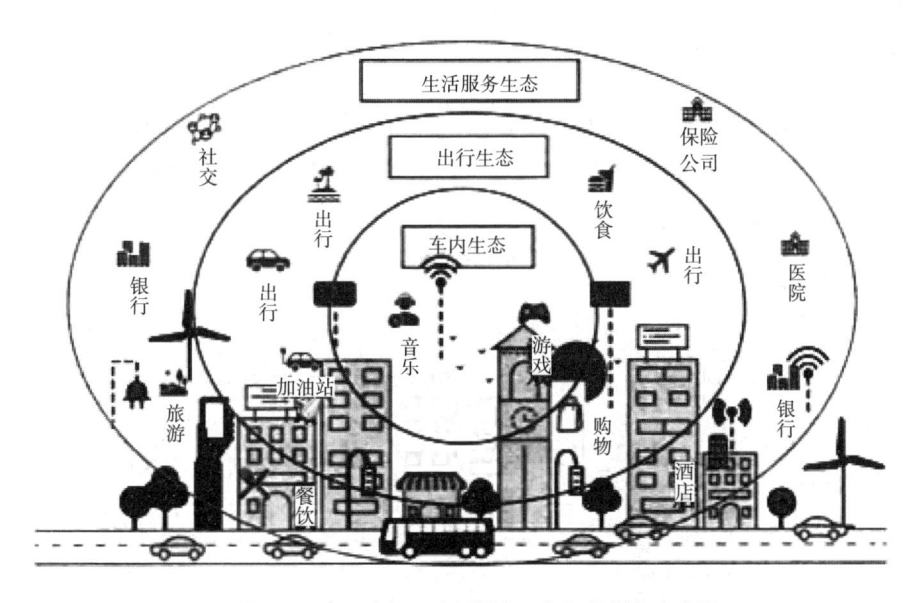

图 4-3　车—出行—生活服务三级智能服务生态圈

汽车智能服务生态圈将成为一个巨大的产业，有行业机构估计其规模可达万亿元级别。汽车智能服务生态圈能够将汽车远程服务、主动维修、汽车维护保养、二手车销售、美容保养等服务直接提供给车主，车主能够更加便捷地享受汽车服务，车主的满意度将大大提高。

数字化运营平台突破了传统信息系统面向企业内部用户的局限，它能够向社会大众提供服务，加之用户的规模越大，平台的价值就越大。因此，越来越多的企业建设了各自的业务运营平台，企业间跨平台合作，不断做大用户规模，使平台更有价值。跨平台合作既能扩大企业的品牌影响力，又能利用生态圈进行优势互补，逐步延伸合作范围和业务范围，最终形成完整的出行服务体系。

建立服务生态圈，需要构建数字化生态。生态圈的相关企业通过技术平台的共建共享，打通内外部数据，利用共享数据发挥价值，实现业务优势互补、数据互相应用，进而实现生态圈的价值创造。

生态圈的建立依赖数字化平台，而车联网平台是建立生态圈最主要的平台。随着智能化、网联化进一步发展，汽车企业在加强与传统汽车零部件厂商的合作的同时，也需要强化与云厂商的融合。云厂商包括智能交通、自动驾驶、酒店、零售、餐饮等服务体系中的服务商。

五、实践重点4：汽车企业数据资产的价值化

数据是企业的核心资产，对数据资产进行有效管理和使用是数字化转型的核心。在云计算、大数据和人工智能等数字化技术的催化下，数据转化为企业的洞察力及科学决策能力体现在产品、业务及服务创新等诸多方面，推动了企业业务的提升及用户体验的改善。

汽车企业数据资产的价值创造方式是，通过产品数字化和业务数字化将数据变为资产，利用大数据和人工智能技术让数据资产为企业创造价值，以及基于数据中台打造能够实现业务"千人千面"的精准营销、产品"千车千面"的个性化服务的数据智能应用。

例如，在企业的人力资源系统、供应商管理系统中给员工、供应商打标签，实施用户画像，就能更好地匹配人员和工作岗位，最大限度地发挥每个人的价值。对知识进行个性化推送，就能解决各种信息泛滥成灾、有用信息淹没在茫茫信息"海洋"中的困扰。

为发挥汽车企业数据资产的价值，首先要管理数据源和开展数据治理，其次要建设大数据平台和实现数据的智能应用，最后要通过业务数据化、数据资产化、资产服务化、服务价值化实现数据资产的价值化。

（一）数据源与数据治理

数据是数字化的基本生产要素，数据的质和量直接决定了数字化的能力、数字化所能达到的深度和广度。由于汽车数据源的多样性及数据的复杂性，汽车企业首先需要进行数据治理。

汽车企业的数据可以简单分为外部数据和内部数据。汽车企业要管理和应用好数据，使之创造最大价值，这是一个非常大的挑战。

1. 数据源

汽车企业的全量数据涉及内部数据和外部数据。内部数据主要有企业经营数据，如ERP（企业资源计划）、PDM（产品数据管理）的数据；客户信息数据，如DMS（驾驶员监控系统）、会员系统的数据；生产设备的数据，如制造用的机器人运行数据；更多的是车联网数据，如视频数据、激光雷达数据。外部数据主要有互联网数据，如网站论坛、自媒体数据；第三方数据，如供应商、经销商、行业协会的数据等。下面列举几种数据类型包含的数据，以展示数据的方方面面。

（1）业务系统数据。业务系统数据主要是业务在研发、制造、营销各业务系统中开展而记录的数据。研发环节有BOM（物料清单）数据、变更数据、资源数据、图纸数据、试制试验数据、制造工艺数据、配件服务数据等大类；制造环节有供应商数据、工艺数据、采购数据、质量数据、制造过程数据、能耗数据等大类；市场环节有用户属性数据、用户交易数据、维修数据、沟通记录数据、经销商/服务商数据、车辆配置数据等大类。

（2）车联网数据。车联网数据主要是通过车载终端设备采集的车辆运行动态数据和车辆GPS动态数据。未来车联网系统将会全面采集车辆的发动机工况信息、驾驶员操作信息、车辆运行信息、车辆报警信息，以及车辆的位置信息、运行轨迹等数据。

（3）制造环节物联网数据。制造环节物联网数据主要是来自自动化设备及其传感器的数据，包括设备运行的状态参数、设备运行的工况数据、设备使用过程中的环境参数、设备运行绩效数据等。相比互联网数据，制造环节的物联网数据具有更强的专业性、关联性、流程性、时序性。制造环节物联网数据是智能工厂的基础支撑。

（4）互联网数据。互联网数据是指来自社交媒体、垂直媒体、电商等互联网渠道的数据，主要包括用户信息、流信息、互动信息、电商交易信息、舆情信息等。

上面列举了各种数据类型的各种数据，读者可能读起来索然无味。即使如此，这里还是将各种数据列出来，是想说明汽车企业和汽车产品有非常丰富的数据源，虽然管理和应用这些数据有各种各样的挑战，但如此丰富的数据源和庞大的数据量正是数字化技术发挥价值的基础。

汽车企业的智能驾驶数据、车联网数据、数字化营销的多媒体（图片、视频、音频）数据规模通常都比较大，比业务系统的结构化数据要大得多，因此需要由能够存储任意规模数据的数据湖来管理。

2. 数据治理

尽管汽车行业积累了大量数据，但从中挖掘出的有价值的数据却不多，数据资源可利用程度低，数据资源的增值作用不能得到充分发挥。

汽车研发、生产、销售、售后各个环节的数据结构复杂，互通互联难度大。通常各业务单元采用不同的数据管理系统，数据格式也不一致，系统之间集成度低，互联性差，业务不能协同开展。由于缺乏统一的标准体系，比如汽车属性不统一、信息编码技术规范不统一，因此，经常出现同一汽车的名称和分类不一致，数据资源难以共享与转换。

外部数据存储分散、自成体系，数据异构性严重。汽车行业产业链长，参与者众多，外部数据来自汽车企业外的零部件供应商、行业协会、车联网公司、互联网社交媒体等机构。

汽车企业内部数据通常也相当复杂。汽车企业一般都是大型集团公司，但是信息系统通常既有集团级，也有下属各单位自行建设的。因此，业务的数据大多以离散形式分布于各信息系统中，数据缺乏共享和交换基础，难以提供准确高效的决策信息。

如果不开展数据治理，没有对数据标准、数据质量进行有效管理，采集和积累再多数据也难以发挥价值。

在数据治理方面，上海汽车集团体系化管理集团数据资产，稳固地推进数据综合管理的落地。上汽已制定数据管理制度，在原有资源的基础上研究并制定了符合汽车行业特点的数据标准与规范。

（二）汽车企业大数据平台建设及应用

汽车企业大数据平台建设需要从总体规划、基础平台、数据整合、算法模型、分析应用五个方面来考虑。总体规划要立足现阶段需求及发展需要，制定具备业务战略前瞻性的大数据体系规划，为企业数字化转型提供重要的依据和指导；基础平台提供基础的数据采集、存储、处理能力，并提供细颗粒度的管理功能；数据整合提供数据采集汇聚、整合处理等服务，完成项目范围内的数据处理要求；算法模型是基于汇聚的数据，通过算法与模型，以人工智能的方式实现业务智能化；分析应用是基于数据与算法构建的，如用户画像、渠道画像、智能库存、备品备件预测等，通过构建分析应用并开放分析定制能力，帮助相关业务人员依托平台、数据能力迅速改进业务决策。

汽车企业大数据平台支持数据采集、数据分析和大数据应用全过程，通常采集的数据包括企业经营数据、互联网数据、车联网等IoT（物联网）数据、客户信息数据和第三方数据。大数据应用于对产品、客户、供应链、营销和服务的洞察和各种场景下的决策支持。大数据为汽车企业构建全价值链业务洞察能力，具体如下。

（1）研发：车型配置趋势分析、竞品车型配置分析、区域需求洞察、用户需求洞察。

（2）生产：产线运行监控、产能分析预测、设备预测性维护、产品品质分析、车辆故障原因分析。

（3）供应链：零部件品质分析、库存分析及优化、供应链物流优化、供应链能力评估。

（4）销售：整车、备件需求量预测、市场洞察、竞品对标情报分析、用户运营分析、车主画像。

（5）服务：车辆画像、车主行为分析、主动服务分析、用户体验分析、用户流失分析。

（三）大数据在洞察产品、用户方面的应用

汽车企业通过数字化转型实现从"以产品为中心"到"以用户为中心"的转型，即从过去只重视打造精致产品到为用户提供其真正需要的精致产品。因此，

在产品企划、研发、生产制造和服务环节都要洞察用户的真正需求。只有深入洞察产品、洞察用户，才能将"以用户为中心"的理念落地。大数据在洞察产品、洞察用户两个方面都有传统方式无法实现的效果。

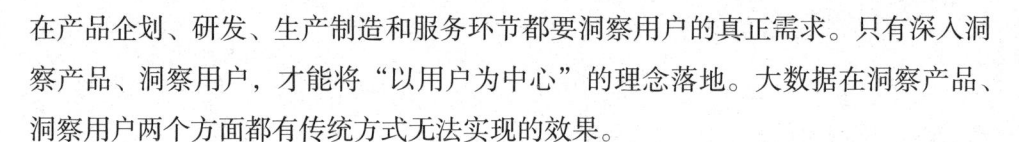

1. 大数据对汽车产品的洞察应用

推出一款新车型所需投资巨大。从新款上市到后续的年款、中改款、换代等，实现每一步的成功是汽车企业努力追求的目标。

大数据是洞察汽车产品在全生命周期中表现和定位的新的重要手段。

产品全生命周期大数据平台以市场表现为出发点，聚合多源数据，采用高阶算法模型，围绕多维度竞争力进行分析，进而给出产品的优化调整方案，辅助产品规划、商品企划、产品开发、生命周期管理等业务的智能决策。产品全生命周期大数据就是致力于以用户体验为核心，全力打造面向未来、超越期待、品质卓越的明星车型。

基于对产品企划、开发、上市后检验各阶段数据的监测，发掘产品与竞品迭代周期的规律，并根据产品、价值、传播、品牌、渠道的多维度竞争力深度分析，实现动态生命周期管理。

2. 大数据对用户的洞察应用

为打造汽车明星产品并提供超出用户期待的数字化服务，汽车企业在价值链各环节都需要洞察用户的需求，并制定相应的对策。

在产品定义时，要了解车主的个人喜好。

在营销环节，要知道哪些是潜在用户群体，如何转化，哪些用户最有价值，如何吸引更多的用户。

在售后服务环节，要知道如何增强现有车主的忠诚度，是否应该提供更多的增值服务，4S 店营销效果怎么样，如何优化。

"用户洞察"大数据分析赋能汽车价值链各环节业务。

为实现对用户的全方位洞察，汽车企业应以会员体系为中心，融合多渠道数据，建设企业的 CDP（用户数据平台），基于数据打造企业会员全景标签体系和更加智能的商业应用，为全面的会员运营提供充分的数据支撑和应用基础。

在会员体系的基础上，以数字化构建从用户洞察到用户体验全生命周期的数字化服务体系，从而不断快速响应、探索、挖掘、引领市场和用户的需求。

基于数字化服务体系，在业务持续开展中沉淀用户多维度信息，完善用户标签体系，建立用户360°画像，建立用户的深度洞察，挖掘用户全生命周期的多种服务需求，持续形成多维度全周期的商业机会。

例如，为实现精准广告营销，可以将用户在互联网上搜索、停留、购物、交易的各类数据，以及厂家对用户的分析、切片、画像及贴的各类标签，应用于互联网媒体广告的定点定人投放。

大数据对用户洞察的应用将在汽车产业链各环节产生价值。

第三节　汽车公司数字化转型的实践应用

企业数字化转型是企业充分运用数字化技术，全方位重塑企业战略、重构业务流程和组织架构，以及创新商业模式，构建以数据为核心驱动要素的价值创造体系，实现与客户、员工、供应商、合作伙伴等内外部生态共创价值的过程，以确保企业在日益激烈的市场环境中获得核心竞争力和可持续增长能力。

数字化转型是庞大的系统工程，是与企业战略、组织变革、业务创新、高效运营和生态建设等相关的体系化、组织化、流程化、数据化和智能化的工作，涉及时间长、组织多、人员众、流程长、系统广、复杂程度高等挑战，是真正决定企业发展方向和命运的大工程。企业推进数字化转型必须把握总体方向，因此，需要一个完整的总体策略。

一、数字化转型的总体策略

对于传统企业来说，数字化转型是基于数字化的技术革命。数字化就是赋予企业巨大变革的时代力量。

当前比较普遍的现象是企业内各业务部门开展的都是零星的数字化工作，这样是很难实现企业的全面数字化转型的。为此，企业推进数字化转型必须有顶层设计和全面规划，必须针对企业的战略和业务制定数字化策略。企业的领导层要从这个高度来认识数字化转型的意义，汽车企业尤为如此。

汽车企业数字化转型需要总体策略的顶层设计，即企业要有明确的数字化转型战略和推进思路。数字化转型战略包括数字化转型的使命、愿景、目标；数字化转型推进思路包括数字化转型蓝图、规划、核心能力建设、实施路径、推进原则、资源保障等内容和要素。

数字化转型是"一把手"工程，是由一把手领导的与企业战略、组织变革、业务创新、高效运营和生态建设等相关的体系化、组织化、流程化、数据化和智能化的大工程，涉及时间长、组织多、人员众、流程长、系统广、复杂程度高等挑战。

数字化转型需要高层管理者在转型意识和战略上高度重视，通过自上而下的企业文化变革和内外部意识宣导与培养，让不同层级管理者对数字化转型工作达成统一的认知。企业要营造基于数字化思维创新的氛围，包括营造自学习、自驱动、创新思维的数字化人才培养氛围，宣扬人人都是践行者，人人都是驱动力的企业文化。

此外，要动员全体人员积极参与，强力推动战略落地实施，制定战略闭环管理，开展战略评价和迭代优化。

咨询公司BCG（波士顿咨询公司）提出的数字化转型战略框架分为三个层次：战略层、业务层和驱动力。

（1）战略层。数字化转型既是一场技术革命，也是一场顺应时代的自我颠覆。从战略上来讲，企业应该有一个数字化驱动的商业战略。

传统汽车企业的商业战略一般不是基于数字化的，不是数字化驱动的战略。数字化企业将以数字化作为企业商业战略的核心能力和动能，推进企业的发展。

为实现数字化转型，汽车企业需要设立数字化的愿景、目标，以及最适合公司发展的蓝图。

（2）业务层。业务层包括三个方面：业务的数字化，主要是企业本身的数字化建设；产品的数字化，即打造数字化智能产品及与产品运行时相关的数字化生态和平台；数字化创新的业务。

业务层的数字化转型是以用户为中心，利用数字化技术对产品和服务进行重塑，利用数字化技术对企业运营过程中所产生的数据进行挖掘，再利用数据洞察用户需求并精准地改善产品，从而提供更好的服务，提升用户满意度。数字化转型会给企业带来更多收益，包括优化业务流程，提高业务效率，提升管理透明度，更好地远程协同工作，提高生产力，以及打造新型的产品和服务，提升用户体验。

（3）驱动力。第三个层次是驱动力，它包括企业的文化以及组织工作的方式。数字科技和基础设施指的是数字化技术的导入以及数字化能力建设，此外还包含生态系统的建设。生态既包含数字化企业建设的生态、产品打造的生态，也有服务的生态。

国内主要汽车企业都从战略、业务、文化等层面开始推动数字化转型。中国一汽集团在董事长徐留平的带领下，大力推进数字化转型。为打造一流汽车企业，中国一汽集团制定了"3341"行动计划发展战略和目标。行动计划中的"3341"分别代表：3大主营业务，即自主整车、合资整车、新型服务业务；3大行动计划，即龙腾行动、虎跃行动、飞马行动；4个关键方面，即规模、效益与效率、人工发展、能力提升；1个目标，即实现中国一流和世界一流。

二、汽车企业数字化转型战略

汽车企业数字化转型，首先要确立企业未来的发展战略，包括愿景、目标和实现目标的技术路线。

愿景是要通过数字化转型把公司带到什么地方去，希望公司达到的未来状态。目标作为数字化转型成功的衡量指标，包括可衡量的短期商业价值目标、不直接衡量的面向未来的战略价值目标。数字化时代需要构建应对未来挑战的能力。

（一）数字化转型的愿景

从消费互联网到产业互联网，从移动互联网到物联网，ICT技术与传统形态的生活和生产方式的融合颠覆了一大批传统企业，又催生了一大批数字化企业。那些积极拥抱数字化的传统企业经历过数字化的洗礼，获得了新生，具有了更大的竞争优势，如工程机械行业的三一重工、家电行业的美的和海尔等。

传统汽车企业要想在未来产业颠覆性变革中屹立不倒，就必须顺应时代发展潮流，打造以数字化为核心的竞争优势，实现产品的数字化、业务的数字化、服务的数字化、管理的数字化等全面的数字化。因此，汽车企业首先应该成为全面数字化的企业。

汽车产品将由传统的机电产品变成深度融合ICT技术的智能化、数字化产品，汽车企业也将由传统的交通工具制造商转变为移动出行的服务供应商。

笔者认为，未来的汽车企业必须成为全面数字化的企业，应该成为移动出行的服务商。这是时代的需要，也是汽车企业的愿景。

（二）数字化转型的目标和技术路线

汽车企业要成为未来移动出行的服务商，就必须成为数字化企业。汽车企业数字化转型的目标可以是打造数字化智能产品和服务，为用户提供超出期待的体验；建设以数据智能为优势的数字化企业，实现全业务数字化运营。

除了这一面向未来的战略价值目标，各企业可根据自身业务战略制定可衡量的短期商业价值目标。

以下对汽车企业数字化转型目标和技术路线的框架——"两条主线、四项能力和三个要素、两大平台、一个架构"进行论述。

1.两条主线

汽车企业的数字化转型要从数字化产品与服务、数字化业务与管理两条主线来开展。

对于汽车企业来说，汽车产品和服务的数字化是核心。智能网联产品其实就是数字化产品，而对于数字化产品，服务是灵魂。为用户提供超出期待的服务，才能赢得用户。从为用户提供产品，到为用户提供产品加服务，汽车企业的品牌打造也从产品的技术领先变为产品的体验为王。

数字化业务与管理这条主线涉及研发、制造、生产、营销、服务等业务的数字化，整个企业的价值链要数字化。基于数据的管理对于企业具有很大的价值，企业的管理要实现数字化。

传统汽车企业以产品为中心，数字化企业以用户为中心，因此，要避免重产品数字化、轻业务数字化的传统意识，"数字化产品与服务"和"数字化业务与管理"两条主线要并重。很难想象一个不是数字化的企业能研发出高度智能的数字化产品。

2.四项能力和三个要素

软件定义、平台运营、业务在线、数据智能这四项能力是基于软件、平台、数据三个数字化要素构成的。基于这三个要素，汽车企业就可以打造四项核心能力。

第一，软件定义汽车的能力，通过软件打造数字化智能产品；

第二，业务在数字化平台上运营，业务从在传统的物理世界开展升迁到在数字空间开展；

第三，业务需要随时在线，所有活动都需要在数字空间开展；

第四，产品和业务将产生大量数据，也就是通常所说的业务数据化，通过对数据的分析和应用，将赋能业务，提升管理水平，实现智能决策。

3. 两大平台

数字化企业需要两大基础平台，也就是大数据及人工智能平台、云计算及生态平台。两大平台是四项能力的基础。

4. 一个架构

一个架构，即数字化架构。通过打造基于前、中、后台数字化架构的数字化运营平台，支撑企业所有业务从物理世界向数字空间升迁，实现各业务的数字化运营。基于数字化架构所构建的数字化运营平台包括云数据中心、数据湖、数据中台、业务中台及前台。

三、汽车企业数字化转型的推进思路

数字化转型推进思路包括为实现数字化转型目标而进行的数字化转型蓝图制定和规划、核心能力建设等内容。

（一）数字化转型蓝图的制定与规划

不同汽车企业的战略目标和发展方向各有不同，数字化基础和所处的数字化转型阶段也不尽相同。企业推动数字化转型工作的前提条件是掌握自身所处的阶段，评估企业当前数字化转型的成熟度，清晰认识自身能力的不足，然后以此作为切入点开始推动数字化转型工作，并制定相应的规划。

对于传统汽车企业而言，数字化转型要面临来自ICT企业、造车新势力以及其他新兴企业基于先进技术或庞大用户群体优势的低成本竞争，因此，企业数字化转型蓝图和规划的制定至关重要。如果因对数字化趋势、市场需求判断不准确，对自身优势认识不准确而选择了错误的发展路径，并在错误的方向上开发数字产品和服务，或者在商业模式创新过程中对研发能力、成本控制及管理水平整体掌控不足，都有可能导致企业转型失败或延迟。

为制定数字化转型的蓝图，需要先对企业的业务战略进行深度解读，一切数字化转型都是为了业务战略。首先梳理出战略重点和业务范围，然后对业务需求和管理需求进行梳理。基于这些需求，根据数字化的发展趋势以及行业的先进实践，就可以制定出企业的数字化转型蓝图。

汽车企业的数字化转型是从传统的汽车产品向电动化、智能化、网联化、共享化方向发展，汽车产品的形态将发生根本性的改变。在制定数字化蓝图时，一定要考虑与ICT企业的融合。相比传统汽车，未来智能网联汽车关注的焦点将在软件方面，如手机App、自动驾驶、数字化座舱、车联网等。现阶段汽车的研发必须考虑如何把传统需求与新时代的数字化需求整合在一起，同时，其研发模式也由于用户需求的不断转变也发生了非常大的变化。对于传统的主机厂来说，一般产品进入研发阶段后，需求会保持相对稳定，但当今时代，用户的需求，特别是在数字化方面的需求，会不断发生变化。

蓝图要基于企业本身的数字化应用和基础架构的现状，同时要把数据的治理和改进的思路作为制定蓝图的重要考量，制定出规划方案。

按照规划方案，就可以定义一系列项目，这些项目可以根据领域来分，可分为研发、生产制造、营销、产品和服务等。同时根据数字化转型"先数据透明，后数据驱动；先广覆盖，后深化"的推进原则，明确项目优先级，然后再根据优先级确定实施路径和资源配置方案，这样就能够制定出3~5年的路线规划图。

（二）数字化转型的核心能力建设

只有拥有了强大的数字化能力，汽车企业才能在生态圈中灵活布局，有效分工，创造出最大价值，合作共赢。

从技术的角度看，为了建设自身的数字化核心能力，汽车企业应该具备四个能力：软件定义、平台运营、业务在线、数据智能。

1. 软件定义

软件定义汽车是软件深度参与汽车全生命周期，在汽车产品的服务过程中不断改进和优化，从而实现体验持续优化、过程持续优化、价值持续创造。可以通过智能车机实现人机交互，通过车联网智能终端（T-BOX）实现智能车联，通过环境感知实现高级驾驶辅助系统（ADAS）功能等，可以说软件定义汽车就是定义汽车的智能化。

自动驾驶汽车、无人驾驶汽车就是以软件为核心的，其中的核心技术，如高精度地图定位、环境感知、行驶策略、车辆控制逻辑等，都是运行在操作系统之上的软件。智能网联汽车也是靠软件实现的，车联网接收移动信号并处理，汽车导航系统、车内娱乐系统等各类车载服务无一不是靠软件实现的。软件即将定义汽车并创造利润，汽车制造商的业务模式将从根本上发生改变。软件定义汽车的终极目标是无人驾驶汽车。

举例来说，大众集团就将"成为软件驱动的汽车公司"确立为企业的战略目标。

2. 平台运营

以数字化运营平台为核心的数字化平台模式创新应用是通过打造基于前、中、后台数字化架构的云平台，支撑企业所有业务从物理世界向数字空间升迁，实现各业务的数字化运营。数字化平台运营突破了传统信息系统只服务企业内部员工的局限，实现了对内服务企业业务的开展，对外连接生态的开发和服务，并最终以丰富的资源服务最终用户。

3. 业务在线

业务在线是指通过 App、小程序、企业微信等移动应用，在后端数字化运营平台的支持下，实现企业业务直达用户（包括外部用户、供应商、经销商、内部用户）。业务在线为业务活动提供触点，使一切业务活动数据化，同时，也使用户行为数据化。

一切业务都在线，实现管理透明，数据驱动业务，精细化管理能力，主要是业务全面线上化，端到端流程优化。原来多是部门级应用建设，缺乏端到端协同联通思维，因此，未来需要从企业级角度看我们的信息化、数字化建设。

通过实现全量数据的采集，数据的智能化，业务在线，可以保证正确的数据以正确的形式在正确的时候送到正确的人手中。

4. 数据智能

数据智能指的是以大数据为核心，聚焦全业务和数据的贯通，深度挖掘业务价值，建设统一的大数据平台，提升数据应用的能力。大数据和人工智能技术将使数据资产为企业创造价值，例如，可以基于数据中台实现业务"千人千面"的精准营销、产品"千车千面"的个性化服务。

四、数字化转型的推进原则

集团型汽车企业的数字化转型工作涉及面宽,应用面广,业务间相互依存,可谓纷繁复杂。要有效推进全面数字化,就要确定数字化转型的推进原则。例如,实施数字化项目应先将业务数据透明,通过商业智能(BI)等技术实现数据的可视化,再建设数据中台实现数据智能,以数据驱动业务的不断优化和提升。

在企业的数字化转型蓝图确定后,具体的实施可以从"统筹规划和建设原则、价值创造和融合发展原则、实施优先原则、项目建设原则"四个方面来考虑。

(一)统筹规划和建设原则

统筹规划和建设原则指的是企业集团层面统筹规划,企业各业务共建共享,从整个集团高度做整体规划,提炼出具备复用价值的部分,重点考虑统一建设,多元共享。

(二)价值创造和融合发展原则

数字化转型的推进要紧密围绕企业战略来开展,以价值创造为准则,在全价值链推进信息技术与业务不断融合。同时,在推进过程中形成组织体系和运行机制,不断迭代完善,使信息技术在业务各领域实现从辅助、支撑到支配的融合发展,最终实现数字化转型。

(三)实施优先原则

实施优先原则指的是先数据透明,后数据驱动;流程、数据拉通优先;大数据、移动化优先。

(四)项目建设原则

数字化转型是通过具体的项目来实现的,项目的建设要以连接和服务用户的项目、价值点高的项目、管理透明度低的项目为重点。

五、数字化转型组织和资源保障

企业数字化的本质是变革和推动创新,需要创新思想和人才队伍建设。数字化是推动技术创新和体制创新的重要引擎。推进数字化转型要求调整组织与管理体制，并建立与之相适应的组织架构、管理模式。

数字化转型中产品开发、业务平台建设、基础设施建设、经营管理变革等各领域工作都离不开数字化人才，企业内部应建立相应的培养方式和方法，同时根据需要引入外部资源来帮助新技术、新产品、新管理模式的落地与推广。

除了数字化技术外，数字化转型成功的关键因素还有文化和组织的保障，因此，需要积极推进文化转型和数字化组织的建立，保证资源与人才对数字化转型的有力支撑，为此，管理层需要在资源配置上确定业务、资金和IT人才的投入。

数字化转型的核心是数据，因此需要一支专业的数据团队对数据资产进行有效管理，同时负责大数据平台的规划、建设及架构设计，大数据平台数据开发，数据治理、数据仓库建设，大数据分析与挖掘，数据采集、可视化及应用开发等工作，推进数字化运营和数据智能等业务，使大数据成为汽车企业的核心能力。

汽车企业应成立专门的客户服务部门。随着汽车产业链由营销延伸到服务，数字化服务将成为企业新的增长点，服务创造的价值也将越来越大，因此，汽车企业需要成立专门的客户服务部门，为客户提供数字化服务。

六、汽车企业数字化转型的认知

数字化转型是颠覆性的，将引发汽车产业、产品形态、商业模式、服务模式的深刻改变。作者认为，对汽车产业变革、汽车产品及其服务新形态、数字化转型必然性和紧迫性等方面的认知是推进数字化转型的关键。

（一）对汽车产业变革的认知

数字化引发汽车产业的深刻变革，使得汽车产品有了新形态、汽车制造有了新方式、汽车商业活动有了新模式、汽车产业将形成新生态。现如今，全球汽车产业既迎来新的增长机遇，也迎来产业变革的阵痛，以及产业格局和分工的巨大变化。

1. "新四化"是传统汽车与ICT技术的融合

上文我们提到汽车产品的发展趋势是"新四化"，即电动化、智能化、网联化、共享化。而汽车的"新四化"，是传统汽车与ICT技术的融合。只有与ICT融合的智能网联汽车才有竞争力，传统的汽车企业将被逐步淘汰出局。

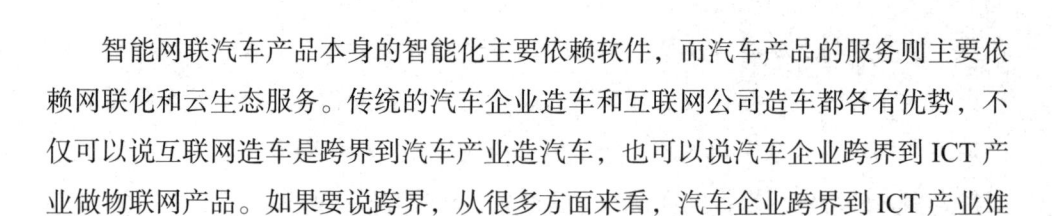

智能网联汽车产品本身的智能化主要依赖软件，而汽车产品的服务则主要依赖网联化和云生态服务。传统的汽车企业造车和互联网公司造车都各有优势，不仅可以说互联网造车是跨界到汽车产业造汽车，也可以说汽车企业跨界到ICT产业做物联网产品。如果要说跨界，从很多方面来看，汽车企业跨界到ICT产业难度更大。

2. 传统汽车企业的对标工作

对标，是汽车企业常有的一项工作内容。传统汽车企业非常重视对标工作，既有新车产品对标，也有研发和生产效率、产品成本和质量的对标。在过去，汽车企业基本上都是在汽车企业之间对标。

汽车产品"新四化"的发展趋势，要求汽车企业的对标对象有所改变。

试想一下，传统的出租车公司正在被网约车公司颠覆。传统出租车公司的对标如果仅限于相互之间，对标其他出租车公司的先进管理经验、精益经营，而不是对标网约车的模式创新，以后对标的传统出租车公司都被网约车公司颠覆了，这种对标还有什么意义呢？

因此，传统汽车企业不仅要与同行对标，还要与ICT企业对标，对标数字化运营、数字化产品开发能力、数据智能应用能力。对于中国汽车企业而言，除了对标传统汽车企业，还要对标华为、腾讯、百度等互联网企业（应用数据的能力）。

（二）对汽车产品及其服务新形态的认知

汽车产品将从移动工具转变为移动出行的生态服务产品，并成为办公室、家庭之外的第三空间。

1. 汽车产品的价值更在服务

汽车从机电产品发展到今天的智能网联汽车，已经不是单一的产品。智能网联汽车通过对周围车辆、道路、环境及云端的感知以及智能应用的集成，成为生态系统中的一员。汽车将成为移动出行的新空间，汽车产业将成为移动出行的服务产业。

传统汽车和ICT技术不断融合，打造面向未来的智能网联汽车。车联网的发展经历了车载信息系统和智能网联阶段，并将走向智慧出行阶段。未来，随着自动驾驶技术、5G、车用无线通信技术（V2X）、高精地图等技术的不断成熟，将实现人—车—路—云等数据交互，使智慧出行成为可能。

智能手机具有非常丰富的功能，几乎能提供衣食住行所需要的一切服务，但是，智能手机的绝大多数服务并不是来自手机本身，而是来自云端的生态。试想一下，智能手机如果与网络切断，还有多少功能可以使用呢？没有联网的手机，只剩下拍照、浏览手机中的照片、看时间等少数几个功能，智能网联汽车也是一样的。

2. 要打造生态以提升产品竞争力

未来汽车将是我们生活和工作中的伙伴，具备移动办公、休闲娱乐、生活管家等丰富的应用功能，智慧出行将彻底改变出行方式。移动出行的各种场景需要得到的服务正是全面数字化汽车企业的竞争优势所在。前面章节论述的汽车企业核心能力建设、基础服务平台建设、重点领域的数字化都是为用户提供超出期待体验的关键举措。

汽车的品质，将从今天由产品定义变为未来由"产品+用户体验"定义。

（三）对数字化转型必然性和紧迫性的认知

数字化正在改变着每个行业，每一家企业都必须面对这一事实，换句话说，汽车企业的管理者应该充分认识到数字化转型的必然性和紧迫性。

如果企业不能真正理解数字化带来的改变，并随之做出调整，哪怕它现在还处于一个相对领先的位置，也依然可能会被淘汰出局。今天的龙头企业完全可能被数字化企业或新兴的小企业通过跨界竞争所颠覆。

例如，几年前用于取款、存款业务的自助取款机（ATM）非常火爆，几乎每个地方的商场、单位大楼、街道、银行都配有ATM，这使得开发和管理ATM的企业发展迅猛。然而，在移动支付出现后，人们转眼之间开始使用微信支付、支付宝支付。从现金支付到移动支付，是从物理方式到数字化方式的转变，这导致ATM业务断崖式下跌，ATM龙头企业也随着业务的下跌几乎被淘汰。

数字化转型带来产业形态、商业及盈利模式、企业运行机制、管控模式和组织形态的重大变化。因此，传统企业的数字化转型十分紧迫。

以汽车产品开发为例，必须转变观念。产品数字化的核心是汽车软件的开发和应用。一款汽车即便再受欢迎，也无法占领全部市场，竞争对手的同类车型多少可以抢占一定的市场，所以能存活的汽车企业可以有很多。但如果以这种开发传统汽车的惯性思维来开发智能网联汽车及其软件将是很危险的。由于软件具有赢者通吃、复制零成本的特点，对于汽车软件，如汽车的操作系统、智能座舱平台、智能驾驶平台、V2X等，一旦竞争企业的产品开发成功并被市场接受，就会迅速占领大部分市场，开发晚了或再开发相似产品意义就不大了。基于此，在"软件定义汽车"的时代，观念上的数字化转型是紧迫的。

未来所有的企业要么是数字化原生企业，要么是数字化转型成功的企业，那些没有数字化能力的企业将不复存在。

七、汽车企业数字化转型的实现

越来越多的企业高层管理者认识到数字化转型的重大战略意义，也认同数字化转型是企业战略，于是开启了由企业最高管理者亲自领导的数字化转型。

具体来说，数字化转型以数字化技术为前提，但并不只是数字化技术本身，它本质上是业务的转型，而业务转型必须以企业战略为主导，以市场变化、客户需求为指引，以组织变革、流程优化、人员能力为保障，以企业文化、环境机遇来促成。基于这种理念推进数字化转型是企业成功的关键。

数字化转型是企业生存发展之刚需，绝不能跟风趋势，为转型而转型。作者认为，汽车企业的数字化转型，要将"做数字化转型的推动者；以用户为中心，经营用户和服务用户；基于全面数字化，转型为具有竞争优势的移动出行服务商"作为关键。

（一）做数字化转型的推动者

数字化转型是由企业"一把手"领导的与企业战略、组织变革、业务创新、高效运营和生态建设等相关的体系化、组织化、流程化、数据化和智能化的大工程，涉及时间长、组织多、人员众、流程长、系统广、复杂程度高等挑战。数字化转型涉及企业全员，其中，企业的领导者和高层管理人员、业务人员、IT团队以及其他员工都有各自的职责。

1.领导者和高层管理人员

数字化转型需要高层管理者在转型意识和战略上高度重视。通过自上而下的企业文化变革和内外部意识宣导与培养，让不同层级管理者对数字化转型工作达成统一的认知。

意识和认知的转型关键在于企业"一把手","一把手"意识和认知到位了,数字化转型才有了真正的初心。在战略上"一把手"是推进的关键。

在具体推进过程中,首席数据官(CDO)和首席信息官(CIO)们要发挥领军人物的作用。企业数字化转型是由上至下的变革,决策领导机构一定要有数字化转型的领军人才和专业人才。企业需要用数字化理念引领企业战略、组织、流程、业务与交付模式的全面转型,必须把数字化思维作为生存发展的第一思维。

企业的人力资源部门,特别是人力资源部负责人,要深刻认识到数字化时代给企业带来的巨大变化,在人员招聘、全员培训、组织建设和改革各方面为企业数字化转型提供支持。

2. 业务人员

数字化转型是业务的转型,是业务的数字化,是业务模式的转变。企业业务人员要认识到如何将自己的业务工作从目前传统的方式转型升级到在数字空间开展。

数字化转型是对传统方式的颠覆,既可以颠覆一个产业(如电商对实体商店的颠覆),也可以颠覆一个业务领域(如数字化营销对传统营销方式)或业务行为方式(如移动支付对现金支付),因此,不管身处在哪个产业,负责什么业务领域和工作,领导哪个部门和团队,如果不朝着数字化的方向转型,就可能会被其他人打造的数字化新模式颠覆。

产品开发、技术创新、生产经营、营销服务等所有业务人员都要认识到数字化带来的模式创新,应积极、主动地主导推动各自业务的数字化。

3. IT团队

不像信息化可以由IT部门主导,数字化转型是由业务部门主导的。未来,企业的信息化需求将逐步减少,数字化需求将迅速增加,因此,IT团队除了要继续过去的信息化,更要积极参与企业数字化转型。

IT人员的专长是信息技术,具有信息技术(包括软件、信息系统、平台架构、网络、安全等)的理论知识和实际应用经验。一方面,IT人员具有信息技术专业知识的优势,因而在学习、理解产品和业务数字化的应用与价值方面比起其他人员更加容易;另一方面,IT人员经过多年的信息化建设,对信息系统的思路、方法、应用非常熟悉,因此,往往容易墨守成规,盲目自信,将信息化错误地当成数字化。为此，IT团队必须深刻认识到信息化和数字化的区别，必须快速转型为数字化团队。

数字化的IT团队要成为企业领导和管理者、业务人员、其他员工的数字化转型培训师、宣贯者，推动和辅助产品及业务人员开展数字化转型工作。IT团队自身的工作要从信息系统建设转向专注于企业数据资产管理、数据中台构建，以发挥数据的价值。

4.全体员工

最后，由于传统汽车企业的数字化转型是高度复杂的，因此，要动员全体人员积极参与，强力推动战略落地实施，制定战略闭环管理，开展战略评价和迭代优化。企业要营造基于数字化思维创新的氛围，包括营造自学习、自驱动、创新思维的数字化人才培养氛围，宣扬人人都是践行者，人人都是驱动力的企业文化。

（二）以用户为中心

除了数据，用户对企业来说也是宝贵的资产。传统汽车企业更是要树立起用户是资产的观念。

1.将用户作为汽车企业的资产

传统汽车企业的资产主要是高度自动化的生产线，而数字化转型使得数据成为企业新的资产，用户也将成为传统汽车企业的资产。

经营用户正是ICT企业的巨大优势。ICT企业经营数字化平台和产品的最有效手段是聚集用户，有了庞大的用户群，数字化平台的价值就能得到快速放大，数字化服务就能产生巨大收益。

汽车企业的用户都是百万、千万级的，然而遗憾的是，传统汽车企业还没有真正与用户产生密切连接，"用户至上"还停留在为用户提供更好的产品、更好的服务态度这一传统思维上。

ICT企业的用户通常是"看不见"的用户，而汽车企业的用户是"看得见"的用户。ICT企业的用户之所以看不见，是因为他们并不拥有ICT企业的实体产品，他们都是为了得到数字化平台的服务，才注册成为用户的。例如，要使用网约车，首先必须在网约车平台上注册像百度门户、滴滴出行、南方航空App等数字化平台，因而说这些用户是"看不见"的。

"看不见"的用户在数字化平台上的浏览、购物、搜索、评论等行为为平台的拥有者提供了经营用户的基础。利用平台沉淀用户多维度信息，完善用户标签体系，建立用户360°画像，建立用户的深度洞察，挖掘用户全生命周期的多种服务需求，持续形成多维度全生命周期的商业机会，平台拥有者就能将用户这一宝贵资产变现，就可以获得巨大的商业价值。

而汽车企业的用户是车主，车主买了车，就拥有了汽车企业的产品，成为"看得见"的用户。然而，汽车企业虽然也获得了这些用户的信息，如购车时用户提供的个人信息以及各种相关信息，但这些信息保存在信息系统（如CRM系统、DMS）中并不能发挥多大作用，因为车主的用车信息、维修记录、车辆状况都没有采集与保留。只有车联网的出现，才使得车主（用户）通过车联网这一数字化运营平台与汽车企业实现了连接。

每家汽车企业都有"看得见"的巨大用户群体，对这些用户深度经营、管理、服务，就能产生巨大价值。越来越多的汽车企业开发了自己的App，这是经营用户的好的开始。目前的App大多是功能型的，主要用来为特定功能服务，如用车服务。汽车企业需要将App建设为超级App，对用户进行全生命周期运营，与用户进行全天候沟通，构建车主和粉丝社区，实现售前—售中—售后全环节的服务。功能App只是车主的刚需，而超级App才是数字化的创新平台。

因此，汽车企业还需要加大力度管理和挖掘用户这一宝贵资产。

2. 打造直达用户的数字化运营平台

建立数字化平台来运营业务是由互联网公司率先创造的新一代商业模式，其巨大成功吸引着所有传统产业向"平台模式"转型升级。

传统汽车企业要突破过去信息化建设时期的信息系统主要面向内部用户的局限，建设面向社会用户的数字化运营平台，包括车联网平台、数字化营销平台、汽车商城、企业App等数字化平台。这样，汽车企业就能够通过数字化运营平台实现直达用户、服务用户，实现前台的在线化、后台的数据化，打通全价值链流程和数据，实现数据的智能创新。

数字化运营平台也为用户画像创造了条件。通过对客户更精准、立体的画像，企业就可以应用大数据技术开展一系列业务的优化应用。

3. 因用户行为而变的数字化服务

数字化平台赋能业务无形中引起了用户行为的悄然改变。过去用户买车都是通过一些亲戚朋友介绍，而现在都习惯于在网上获取意向车型的信息，车的品牌、口碑、质量、舆情决定了这款车的竞争力。网络已经成为用户获取信息的主要来源，用户在购物时越来越期望与制造商和经销商有更多的交互。用户购买行为的数字化已经对整车厂的销售模式提出了新的要求。

购买行为起始于互相感知，基于千人千面的精准营销能够激发用户的兴趣。移动在线使得互动成为可能，因而可以进一步沟通，最后达成购买意愿和行动。用户用车后的体验分享将影响朋友圈好友甚至其他网民购买产品的意向。

（三）重视信息技术在汽车产品和业务的应用

在信息化时代，信息技术带给企业的主要价值是为业务提供支撑，是辅助的作用。无论是企业领导和管理层、业务人员，还是IT团队自身，都逐渐形成了这样一种看法：在企业中，产品和业务是第一位的，信息技术只是支撑工具。

现如今，信息技术对产品和业务的价值与重要性已经有了根本性的改变，因此，我们必须重新认知信息技术的价值，并在产品开发和业务开展中积极应用信息技术。

1. 对信息技术价值的正确认知

目前一个十分普遍的现象是，企业大多数人还是以习惯性的思维将信息技术看作一种辅助的工具和手段。

数字化应用越深的企业，信息技术在其中的作用越大。从企业管理者到员工都要认识到这一根本性的变化，不要还是将信息技术的价值等同于之前在传统信息化中能够产生的价值，仍然认为信息技术只能起到辅助的作用。只有这样，才能重视信息技术在产品、业务各方面的应用，才能加快推进产品的数字化和业务的数字化，才能建立面向数字化未来的团队，才能在资源配置上向数字化的方向倾斜。

2. 在产品开发和业务开展中应用信息技术

在信息技术应用还处在辅助阶段时，企业能够做的是信息化。信息化可以由业务部门提需求，IT团队主导实施建设。当信息技术在产品和业务中处于支配地位时，所有产品和业务人员都要尽可能以信息技术（包括软件和平台）去开展产品开发和业务工作。在开发产品和开展业务工作时，我们要努力思考是否能够用软件和平台部分或完全取代目前的方式。在与同行交流或对标时，我们要特别关注同一个产品或工作任务，了解别人是否放弃了传统的做法，而采用数字化的方式来开展。

（四）打造汽车企业在未来竞争中的核心能力

全面数字化汽车企业具有应对未来竞争的核心能力：软件定义、平台运营、业务在线、数据智能。软件定义是产品数字化的构建技术；平台运营是业务从信息化走向数字化的模式创新；业务在线是基于移动互联技术建立业务参与者与业务活动的桥梁，为业务协同开展提供的手段；数据智能则是数字化的核心，即应用数据驱动业务。

传统汽车企业的资产主要是汽车制造生产线等重资产。全面数字化汽车企业具有了核心能力，就能实现全面连接，就能使数据成为企业的资产，使用户成为企业的资产。

汽车企业有了数据资产，就能实现数字化运营、智能化运营。

汽车企业有了用户资产，就能在产品企划、制造方式、营销目标、服务个性化等汽车产业全价值链上实现以用户为中心，为用户提供超出期待的产品和服务。

以软件定义产品，以平台运营业务，将数据作为企业的核心资产，激活数据价值，提高数据应用能力，从而提升企业的数字化核心能力。

数字化转型使企业实现模式创新，具备解决同行业高度同质化竞争问题的能力。

企业的其他能力还有组织架构、创新模式、数字化架构、用户洞察等。

（五）转型为具有竞争优势的移动出行服务商

汽车企业在实现汽车产品"新四化"的同时，也应该实现"以用户为中心"的全面数字化。要打造数字化汽车企业，将价值创造过程的重点从硬件制造转移到软件开发和服务提升上来。

全面数字化企业在全产业链上以连接和数据为核心，实现产品和业务感知无所不在、连接无所不在、数据无所不在、计算无所不在、服务无所不在。数字化的汽车企业将具有应对未来竞争的核心能力，将实现产品数字化、业务数字化、竞争优势生态化、数据资产价值化等多方面的数字化。

全面数字化汽车企业提供两个基础平台保障：统一的云服务生态平台和统一的大数据平台。移动出行服务商要为用户提供基于数字化的极致服务，就必须建立统一的云服务生态平台和统一的大数据平台，以实现数据的智能应用。为此，企业需要具备统一的数据接入能力、统一的数据整合能力、统一的数据服务能力、统一的数据应用能力。

传统汽车企业通过数字化转型为全面数字化企业，本着"以用户为中心"的服务理念，突出数字化技术竞争优势，转型为具有竞争优势的移动出行服务商。

第五章 广告公司数字化转型的创新实践

本章的主要内容是广告公司数字化转型的创新实践，分别从三个方面进行相关论述，依次是广告公司数字化转型的理论背景、广告公司数字化转型的核心驱动力、广告公司数字化转型的实践应用。

第一节 广告公司数字化转型的理论背景

当代广告公司的经营实践是在广告产业的发展环境之中展开的，我们可以讨论广告公司经营模式的历史分期，并研究不同时期广告公司主导经营模式——核心顾客价值创造的特征与演变过程，并探讨多次转型的内在和外在的驱动因素。广告公司经营模式的新变化，必然与当今产业生态环境、核心驱动因素的演变密切相关。

近年来，在经济全球化和一体化、数字技术、互联网技术发展催生的巨大商机下，广告公司已从原来的行业配角转变为行业主力军，一些公司的经营已从原来的高速度、粗放式的发展转向专业化、重品质的精细化管理。然而，学术界对广告公司经营模式的系统研究仍然较少，对其分类研究更为鲜见。虽然我们没有必要纠结于广告公司经营模式的独特概念，但完全应该在系统理解经营模式的基本内涵的基础上，深入广告产业，分析广告公司经营模式的一般组成要素，并构建广告公司经营模式的系统架构。本书重点应用加里·哈默尔提出的经营模式和架构模式，他的模式理论相对成熟和完善，可以作为我们分析广告公司经营模式的重要理论参照。

一、哈默尔的企业经营模式

虽然不同学者对经营模式的解释差别很大，但这些解释都是围绕企业及其相关者利益的获得展开经营模式的研究，所要回答的问题是企业如何获取利益和竞争优势。想用个别或部分的因素，来解释企业的收益来源和竞争优势，或想用简短的几句话来说清经营模式，都是很困难的。因此，学者们纷纷以构建模型的方式做进一步研究、解释，即运用系统方法，可以更好地解释经营模式。

系统论的核心思想是系统的整体观念、要素之间相互关联，构成了一个不可分割的整体。系统论的基本思想方法，就是把所研究和处理的对象当作一个系统，分析系统的结构和功能，研究系统、要素、环境三者的相互关系和变动的规律性，并优化系统观点。

经营模式具有系统特征，能够产生系统价值，且系统价值高于各个体要素价值的总和。一方面，经营模式是一个整体的、系统的概念，而不仅仅是单一要素的组合；另一方面，经营模式的组成部分之间紧密联系，这种联系把各组成部分有机地衔接起来，使它们互相支持，共同作用，形成一个复杂的动态系统。但是，并不存在适用于所有企业和产业的唯一经营模式。

由于企业内部结构和外部关系都比较复杂，只有正确运用系统分析方法，才能从企业系统的维度、层次、要素等方面较为系统地、有层次地进行分析和认识。在分析过程中，既要避免将不同维度、不同层次的组成部分混在一起，又要避免遗漏掉重要组成部分，还要着重关注重要组成部分。

经营模式组成要素的深入研究，以哈默尔为主要代表，其提出的企业经营模式是近年来比较流行的一种理论。哈默尔认为经营模式包括四个主要组成部分：客户界面、核心战略、战略资源和价值网络。而这四个部分两两之间又都形成一个连接，分别是客户利益——实际提供给顾客的特定利益组合；配置——企业以独特方法结合能力、资产与流程来支持特定策略；公司边界——代表公司哪些事自己做、哪些业务外包。这三个界面将四个要素紧密地连成一个协调运作的整体。当然，经营模式还要关注效率、独特性和一致性，且需要在利润助推因素的作用下才能充分发挥效力。[①]

[①] 加里·哈默尔.领导企业变革[M].曲昭光，赖溟溟，译.北京：人民邮电出版社，2002.

哈默尔的企业经营模式分析几乎包括了企业战略的所有方面，是一个全面认识企业整体状况的框架。当然，这个模式包含内容广泛，但仍无法指明企业凭借什么获得优于其他企业的绩效和优势，也未能更好地说明细分要素之间的因果关系；尽管利润助推因素很重要，却没有被包括在模式的基本要素中。实质上，这些不足是现有模式共有的问题，也是模式在具体运用于个体企业经营中所固有的不足。

学者们对经营模式的关键要素仍没有形成一致意见，但在所有研究者的研究中几乎都包括如下的一些基本要素：市场结构（参与者、角色、目标）、价值理念（包括顾客、合作者）、范围（市场细分、产品界定）、业务流程、核心能力（能力、资产）、定价策略和收入来源、战略（整合竞争战略、在价值链和价值网络中的定位战略）、协调机制、技术等。企业要进行经营模式创新，就应当优化构成商业模式的一个或多个或全部构成要素。

二、广告公司经营模式的内涵、价值与分析框架

广告公司经营模式主要从广告公司内部运作及客户、公司与价值网之间的关系展开研究，主要关注广告公司内部经营与竞争的基础，描述公司各部分、客户及公司的价值网怎样构成一个系统，强调公司本身是否具有巨大的营利潜力。

为了对广告公司结构和企业绩效的作用路径做定量研究，刘萍曾基于一些学者对一般企业经营模式的理论分析，提出了一个概念模式，把经营模式结构分为四个维度：战略选择、运作流程、价值获取和价值维持。[①] 显然，她的结构图较为粗略，也没有交代为什么选择此四个维度。她结合不同学者的经营模式测量题项，又根据广告行业情况做了相应调整，并打乱次序，最后形成了广告公司经营模式结构测量题项。这些题项包含了广告公司经营的多个方面，但系统性和模块性不够。

随着经营环境的变化，公司主导经营模式也应进行相应的调整，进行经营模式的创新。经营模式创新是针对以往对单一创新过于关注所带来的负面影响而提出来的，它是以客户为导向，在充分把握客户需求的基础上，充分运用各种信息技术、管理工具和手段，对企业内外部各个创新要素和创新内容进行选择、集成和优化，形成优势互补的有机体的动态创新过程。

---

① 刘萍. 广告公司商务模式结构和企业绩效的关系研究 [J]. 经济与管理，2013（1）：69-76.

对广告产业而言，广告公司个体的经营成功有赖于其所应用的经营模式、所处广告行业的经营特点以及公司经营能力三者之间的协调关系。广告公司的经营模式的转型，实质就是广告公司在数字传播技术和整合营销传播所引发的市场环境和媒介环境的剧变中，为了谋求持续成长，在公司核心战略创新（自身使命、服务目标、顾客价值等）的推动下，在公司组织结构、企业文化、资源和核心能力的相继创新转型的支撑下，通过内部培育、购并、置换、剥离、分立等手段或方法，不断变更自身核心业务，推进业务结构向具有更高附加值的高级化迈进的过程。最终，通过推动企业整体转型，从而实现企业持续成长。

影响广告公司经营模式创新的因素有外在也有内在的多重因素，如媒介和传播技术的进步、消费者的变化、广告市场的需求、资本市场的介入、竞争压力的加剧、企业家组织学习能力的提升等，这些都对广告公司经营模式的创新起促进作用。广告商业模式创新也是外部环境与企业内部因素相互作用的结果。

本书从经营模式的组成要素的分析出发，运用模块化理论，对广告公司经营模式创新的模块构成进行了探索，将经营模式创新分成多个模块创新。这是因为，几乎所有企业的经营模式创新都是以某一两个单元为核心的各单元不同形式的组合。本书对广告公司经营模式转型内容模块框架的研究，拟采用何会文、许长勇的观点。他们认为，所谓经营模式创新，就是以核心战略创新为主导，依次在战略性资源、价值网络、顾客界面等三个作业层面完成创新，并最终达成创造顾客价值、赢得竞争优势的创新目标。[①]

当前，数字化是广告产业的基础生态背景和发展推动逻辑，广告公司面临的数字化问题，最终体现在公司经营模式的各个层面，包括数字融合传播价值链延伸、新兴广告价值网络构建、技术资本与数据资源垄断、中外广告集团化竞争与公司边界扩张等问题；而这些问题均是围绕如何更好地服务、更好地满足广告主需求而产生的。考虑到这一点，为抓住主要矛盾，本次研究的设计重心在于，围绕以上主要问题，解决广告公司提供核心顾客价值的创新转型问题。

具体而言，着重于研究广告公司数字化价值链延伸与竞争，以及战略性资源和公司边界扩张三个转型方向。至于顾客界面转型这个问题，因研究篇幅所限，也因此方面广告公司具有一般企业的普遍特征，如客户利益、消费者利益与社会

---

① 何会文，许长勇．事业模式创新的提出、内涵与特征[J]．科学管理研究，2005（10）：19-23．

利益的统一，人文经营、绿色经营等，本书不做重点讨论，仅从网络广告伦理讨论出发，深入研究广告公司与从业者应遵守的智能广告伦理问题。

第二节　广告公司数字化转型的核心驱动力

一、互动与分享的消费追求

在复杂的信息环境下，受众（消费者，时至今日变成了数字化产品、服务和媒体的用户）的选择趋向多样化，信息本身也呈现出复杂化特点。首先，目标消费人群的差异性和社群化越发明显。在很多情况下，传统大众媒体的广告会使传播成本大幅增加，造成媒介资源的严重浪费。其次，目标受众接收信息的渠道多元化。最后，目标受众的不确定性。随着人们生活方式及消费观念的转变，目标客户呈现出分布广泛、匿名、异质、社群化的特征。

新媒介的互动特质、信息获得的便利性使得受众在信息传播中由消极的接收者成为积极的传播者。受众的传统角色正在转变，他们不再是一个个孤立的个体，而是汇聚成一股股不可忽视的力量，在做出购买决策时，他们不再盲目地被商家引导，而是主动积极地搜集各种有关信息；他们不再被动地接受广告，而是主动向企业提出实用性的反馈。受众的碎片化和媒介数字化使得受众信息行为和媒体商业模式发生改变，一方面，新的媒介形态改变了受众的信息接收模式；另一方面，数字化与媒介融合带来媒介市场无限的生产、无限的传输和无限的需求，最终使得媒介的竞争愈演愈烈。

"碎片化"是近年来社会学领域的一个关注焦点，在媒介与消费领域同样也存在这样的"碎片化"趋势。大众品牌影响力的下降和消费者大众媒体接触的减少、零碎和即时性媒介接触行为的增加，是大众市场"碎片化"的两大特征。黄升民、杨雪睿在《碎片化背景下消费行为的新变化与发展趋势》一文中描述道："在阶层碎片化的基础上，消费、品牌、媒介、生活方式也正朝着碎片化方向发生着相应变化。从研究者的角度来看，这是一种不可避免的社会发展趋势。"[①] 随

---

① 黄升民，杨雪睿. 碎片化背景下消费行为的新变化与发展趋势 [J]. 广告大观（理论版），2006（2）：5.

着互联网、新媒体以及移动媒体技术的不断成熟,这种碎片化的趋势在当下愈演愈烈。

"碎片化"所带来的受众变化,表现在受众的媒介接触上,就是"将受众原有的媒介接触时间、接触习惯完全打破,单一媒体垄断转化为多种媒体并存发展,权威坍塌而自我意识崛起"[①]。而从受众的角度来看,碎片化表明受众的兴趣与需求是多样化而分散的,他们进入了追求自我、追求个性的必然发展阶段。同时,受众在"碎片化"背景下,在分散和庞杂之中,开始重新聚合,拥有相似生活形态的受众重新聚集,形成分众和小众群体。信息技术的进步无疑也会让受众碎片化的速度不断提升,并且受众对"互动"的要求在大幅提升。互联互通的时代,受众接受互动、渴望互动,想要接触受众,了解他们真实的需求,获得他们即时的反馈,互动就成为解决这些问题的重要方法。

在互联网的环境下,传统意义的消费者的角色已然发生了变化,这意味着广告公司和品牌方必须深刻了解互联网带来的变化,从观念到实践层面都要有效地连接消费者的需求,使得他们与品牌和企业保持深度的连接,让他们感受到自己在享受个性化服务的同时,也感受到对个人的尊重。

二、数字技术创新与大数据

当前"互联网+"时代,技术已经成为改变我们生活、工作和娱乐的重要工具,创造了经济领域的全新现象、业态甚至整体景观。新的技术将我们与过去的时代相分离,并创造了我们当前的财富、经济、生存与生活方式。众所周知,产业融合本质上是一种产业创新,其关键要素是科学技术的创新与扩散。技术创新是广告产业融合发展的核心驱动力,其对广告产业发展的主要促进体现在以下方面。

(一)基于"数字化"的全媒体产业链的兴起

当前媒体环境已经进入多屏互动、跨媒体资源共享的时代。就新媒体的传播特征而言,"互动"与"移动"是两个核心关键词,这是因为,互动和移动是数字技术的两个基本特征,是改变传播方式和人的生活方式的两种革命性力量。互动,改变了传统传播主体的单向优势话语地位,让接受主体不再被动,传与受的

---

① 涂子沛. 大数据[M]. 桂林:广西师范大学出版社,2012.

即时性、便捷性和主动性被充分激发出来，减少了中间环节，让信息效益直接可见。移动改变了媒体传播发生的环境逻辑，使受众媒体接触习惯更加符合其生活形态和消费形态；媒体与人的关系由此契合得更加紧密，也更加自由丰富，移动带来的利益在场感和媒体依存感使受众难以拒绝。同时，互动、移动已超出了传播技术的意义，扩展为人们的文化消费和生活方式，甚至渗透到人们日常的行为方式和感觉方式之中。借助感知计算、云计算和移动技术，庞大的传播价值链开始有了新的革命的可能，也因此才实现了产业重组、市场重构的逻辑转换。

同传统媒体一样，新媒体概念的核心依然是一种信息传播形式。广告业，作为一种利用媒体进行信息传播的业态，与媒体之间有着不可分割的关联性。事实上，无论是从中国还是世界范围来说，最早出现的广告公司就其本质而言都是媒介代理公司。现在，广告产业已经成为人们社会生活中不可或缺的文化创意和信息传播产业，深刻影响着人们的消费心理、消费习惯，甚至塑造着人们的消费思维方式。现实生活中，任何一则广告的发布乃至产生影响都离不开媒体重要的辅助作用，因此，当今世界上新媒体的快速发展，也将对广告的升级和转型产生深远的影响。

在数字化信息技术发展背景下，传统媒介无可避免地衰落，而以互联网为代表的新媒体迅速成为未来传播的主力，并出现以下趋势：一是媒介数量增加之下媒介融合加速，信息传播表现出"去中心化"和"多中心化"趋势，个性化、互动性的富媒体传播趋于主流，数字终端向多功能、可寻址媒体转型，针对专业领域的垂直搜索引擎甚至能提供研究消费者特性的"意向数据库"。二是数字化媒体的兴盛，带来受众的数字化信息接触与生存状态，除了更加碎片化的状态，互动、移动成为他们的信息接触常态。三是随着互联网技术的发展、全媒体环境的全面爆发，并以其"丰裕""互动""平台"等特征，改造着传媒产业链。黄升民等学者在《三网融合下的"全媒体营销"建构》中指出，当下的媒体环境不仅仅是融合可以概括的，这是一个内容无限丰裕、传统渠道高度互动、数据信息平台化的时代，这三点共同组成了全媒体的核心要素，并改造了整个传媒产业链。[1] 四是"大数据"成为新的时代主题词，海量级的数据催生了海量数据的搜集、存储、管理、分析、挖掘与运用的全新技术体系，并利用这些技术服务于各行各业。

---

[1] 黄升民，刘珊. 三网融合下的"全媒体营销"建构[J]. 新闻记者，2011（1）：43.

（二）大数据成为时代的核心资源和通用技术体系

随着移动互联网、物联网和云计算技术的高速发展与普及，人类社会进入了大数据时代，大数据所蕴含的时代价值开始在市场经济发展中得到迅速释放，这种价值表现在两个方面。

其一，大数据已经成为这个时代的核心资源。大数据技术的出现推动人类社会由 IT（Information Technology，信息技术）时代进入 DT（Data Technology，数据处理技术）时代，大数据成为 DT 时代的核心生产要素和公认的新型资产。各行各业的企业在不遗余力地收集数据、运用数据提升业务能力。数据已经成为企业发展不可或缺的基础资源要素，而采用数据驱动的战略决策模式，能有效推动企业的发展。

其二，大数据技术已经成为一种通用技术体系。大数据技术是数据价值变现的重要途径，缺少大数据技术对数据的处理，数据价值将无法获取。大数据技术是一个庞大而又复杂的体系，简言之，就是处理数据的各种手段与方法，主要包括数据采集、数据处理、数据分析、数据可视化等。随着大数据的发展与应用的逐步深入，大数据技术已经成为这个时代的通用技术体系，广泛应用于各行各业，渗透社会各个领域。

（三）5G 技术推动产业的融合升级

在国家综合实力不断提升以及大数据等高科技的出现并得到广泛应用的基础上，人工智能、虚拟现实技术的普及，提升了产品品质，加深了对消费者消费需求的挖掘，完善了用户的消费体验。随着我国第一张 5G 牌照的发放，广告行业又是到了一次变革的边缘期。

5G 带来的业态变化，对企业内部架构来说，它将在企业形态、人员架构、品牌战略、营销运营模式、办公设备智能化等方面产生影响；而在企业外部市场中，它将在用户消费形式、物流智能化、产品呈现方式、产品迭代及品类拓展、产品价值深度、品牌形象等方面产生影响。

那么在 5G 技术加持下，未来的广告产业融合发展如何升级？

第一，在内容上，VR 和 AR 将不再依赖现实中的设备，而是通过更高层次的虚拟现实来实现，用户可以自行选择观看产品的内容、角度以及场景。

第二，在消费者和品牌的互动方面，5G技术将为消费者提供不限于语音、视觉的全新互动方式。当5G终端和网络全面普及之后，用户对长视频、短视频的消费更加自如，原有通信网络使用体验感提高，新的使用场景、赋能对象拓展，最终创造线上线下统一、可沉浸式的视频互动广告，广告行业也将迎来新一轮的爆发式增长。

第三，5G能够更加精准地定位消费群体，挖掘他们真实的内在诉求，为受众提供更好的个性化和定制化的服务。户外广告公司OUTFRONT Media Inc表示，将依靠5G技术向户外屏分发动态视频，这些屏幕能够对经过的人做出反应。由附属安装在数字广告屏上的智能摄像头和感应器，实时判断受众和场景，迅捷地触发匹配的品牌内容，增强内容的场景关联度和消费黏性。广告商品牌将通过网络与消费者实时互动，实现从视觉共享到动作共享，不仅如此，在电梯、汽车、居家等私密封闭场景中，其将根据个人兴趣喜好，精准推荐个性化广告。

第四，5G的极速体验，使得广告出现的次数提升到当前不可想象的量级。更快的速度意味着更少的页面加载时间以及更低的跳出率，这将大大增加在线视频广告的点击率和可交付率。比如，目前，短视频呈现快速爆发趋势，由于其用户流量红利及强互动属性，使得广告主在短视频上的投放意向和营销预算逐年增加。尽管当前行业面临着内容生产创意门槛高，效果评估数据及标准不明确，多渠道匹配难，多频道网络（Muli-channel Network，MCN）孵化周期长等多种困难，绝大多数广告投放效果难以得到保障，但是，随着5G时代的到来，短视频平台的广告模式依然有巨大的变革空间，在广告主、代理商、明星网红、传播渠道、短视频平台、消费用户之间将诞生一个跨介质的开放型交易平台。同时，短视频广告将引领新一轮的众包广告创意模式。

总之，数字技术创新是当下广告产业融合发展的核心驱动力。首先，媒介融合环境的形成，为广告产业融合打造了平台化基础环境；信息技术作为一种纽带，为广告及其相关的产业服务、业务与市场融合提供了条件；社会生活各方面的信息平台的融合，促使广告市场需求发生改变。数字技术营造了广告主与媒介、受众直接对接的平台路径，这种双向、点对点的沟通平台空间改变了原本单向、点对面的传播路径。广告活动的重心因此由获取注意力转向注重搭建沟通平台，包括商品/品牌与消费者的沟通平台，以及消费者与消费者之间的沟通平台。其次，技术驱动是广告专业服务向前发展的源动力，平台、数字与数据技术在广告产业的运用，不断衍生、演化出新兴的广告技术、服务方式与服务业态。

三、大数据与算法驱动的精准营销革命

因为难以满足个性化、互动化沟通的需求，主要利用大众媒介的传统营销与沟通方式已饱受冲击。从世界目前的趋势来看，中西方企业都已经开始摒弃以广告表现为唯一或为重点的传播模式。面对复杂的市场竞争态势、零碎的媒体载具、纷繁复杂的新传播技术和手段，如各类 App 应用、网络原生广告网络互动、活动赛事、分众媒介、影视植入广告等，企业普遍感到困惑和无助。虽然营销传播费用一直在增加，投入的重心也在向非传统渠道转移，但对如何使用好这些费用，如何与传统媒体整合，发掘最大的营销回报，企业并没有信心。很多企业的投入是尝试性的，被动和盲目性成分居多。

从传统的营销思路向契合互联网营销思路变革的过程中，"精准营销"应运而生，也使广告主看到了希望，有了信心。在这场变革中，必须迫切进行的是完善大数据发展的环境，推动大数据技术发展，让新的大数据技术成为网络精准营销的"掌舵者"。

门户网站中垂直内容的迅速聚集和搜索引擎技术，推动了精准营销的第一次飞跃。尤其是搜索引擎，能够帮助用户按自己的需求自主搜索；而用户的搜索痕迹也给搜索引擎提供了最真实的消费者行为数据，这些数据的大规模化，助推搜索引擎进一步匹配消费者的需求。

大数据的精准营销效果，不仅要看数据的量，也要看数据链条是否足够长，甚至是不是立体的、多维的。互联网上，每天出现的新数据以几何级数递增，非结构化的数据增长速度更远超结构化数据。因此，"现在最迫切需要的不是数据，而是准确处理、分类数据的方法、系统，这是网络营销实现精准化及大发展的前提。数据与精准营销正如一个硬币的两面，数据的价值被挖掘得越来越透彻，营销的方向才会越来越清晰"[①]。

大数据具有四个典型特征，即数据体积量大、数据多元非结构化、数据处理速度快、低密度高价值。今天，遍布在人类虚拟空间和现实空间的数据采集端汇

---

① 秦雯. 大数据驱动营销革命 [J]. 广告大观（综合版），2013（7）：17.

聚了海量数据，互联网和物联网实现了多元主体的即时互动，云计算极大地拓展了人类数据处理的能力。

数据处理技术和数据库的发展，应用在营销传播领域，可以极大地提升传播决策的效能，强化数字营销传播"精准"和"互动"特征。真正的大数据融入网络营销全程，将是多方共赢的局面：对广告主来说，不浪费每一分钱，而且还有很高的传播、转化效率。对用户来说，互联网的免费模式使他们需要浏览广告以获取服务，传统的广告投放无论用户是否需要都会出现，而大数据指导下的网络营销可以预判用户可能对什么样的广告感兴趣，这样的互联网对用户更友好。

目前，大数据技术的应用与数据管理，是广告主最期待解决的营销痛点。同时，在广告主期待营销相关技术解决的痛点中，数据管理成为广告主最期待解决的痛点，这说明数字时代消费者数据的激增确实给数据管理带来了挑战。

四、广告主对数字营销的强烈需求

碎片化的社会大众被各种媒体、各种信息无限分割，营销者与广告主很难再通过某一单一媒体全面覆盖各种目标人群；营销成本逐年上升，让业界开始怀疑广告的有效性；传统模式中可以实现的低成本、可复制、大规模的掌控受众需求、预判市场走向、覆盖目标受众的"科学的广告体系"被解构。虽然如此，受众碎片化后的重聚也正在进行当中。网络化的媒体将受众的各种信息数据都暴露在网络上，他们的行为被监测，他们的需求可能通过互动的平台被洞察，他们正在因兴趣和需求重聚，成为全新的营销体系诞生的基石。

为了掌握受众的注意力，广告主采取了三种基本的传播战略，或者说需要广告公司能够提供这三种基本的传播服务：一是整合传播战略；二是借助于数字传播平台的数字化传播；三是传播基于"大数据"的数据库支撑。

兴起于20世纪80年代末的整合营销传播（Integrated Marketing Communications，IMC），是对传统广告和营销传播理论的革命性创新，是企业现实有效的一种选择。整合传播的核心要点是将各种沟通工具有机结合起来，使目标消费者在多元化的信息包围中对品牌和公司有更好的识别和接受。这种整合式营销沟通不仅突出了"沟通"在整个营销活动中的重要地位，而且强调了不能仅仅使用单一手段，而要通过多元取向的结合来运用和强化沟通攻势。同时，传播计划全面渗透企业的经营管理和营销策略的各个方面：从企业理念、品牌形象的设计定位到营销组合实施；从企业内部交流到对公众的公关、危机处理和信息发布；从产品的设计包装、商标设计到渠道与终端传播；从外聘的广告代理服务到企业网站建设与网络沟通；从传统媒体广告到数字广告与社会化营销。上述这些活动，无不是在与社会公众发生信息接触，无不是在与消费者沟通信息与感情、累积品牌形象资产。

在数字媒介的发展背景下，新兴的数字广告和营销产业链处于快速形成中，新的交易模式，如RTB（实时竞价）依托数字化传播平台，正在为广告主提供大规模、可精准、可测量的互联网长尾流量接触服务。传统营销体系的科学调查基于抽样，并以抽样数据进行分析和推断，然而，当社会环境处在急剧变动之中，出现了前所未有的传播平台之后，以往的抽样方法应对如此复杂的环境显得力不从心，再也无法进行精准的推断和预测。因此，这种全媒体的变革给媒体、营销者均带来了新的挑战，此时，数据库成为广告产业链上各方争夺和竞争的核心资源之一。

目前，消费增长红利时代渐逝，大部分行业已经成为买方市场，提供给消费者选择的商品种类极为丰富，而消费者的复杂程度呈爆炸式增长。营销痛点在旧有模式下找不到有效的解决路径，传统营销模式遭到冲击，效率快速下滑，企业面临前所未有的压力，不得不重新思考营销本质，探求符合新市场规律的营销操作体系，重新构建与消费者的有效连接。

在云计算、大数据、人工智能发展大趋势下，数字营销成为企业数字化转型升级中最核心、市场受众最广、发展潜力和空间最大的一个板块。数字营销，是以"技术＋数据"双驱动，帮助企业构建的面向消费者的全面触达、交易、运营的营销数字化平台与服务。相比于传统营销，数字营销以大数据为依托，沟通对象更加细分精准，通过用户画像和算法来推测用户可能感兴趣的产品，实施效果明显，成本可控，广告的投放效率更高。

总之，现在的广告主对数字营销表现出强劲需求。市场需求是我国数字营销与广告服务最大的优势性环境因素或者说驱动力，换句话说，广告主对数字营销的强劲需求构成了广告公司数字化战略转型的根本驱动力。

五、广告产业融合转型及其效应

（一）广告产业融合的内在逻辑

广告产业正在经历方向多元、路径纷繁的融合转型。产业的生态环境在变，产业自身也在变，网络化的社会促使广告产业全方位深度融合。数字技术和互联网技术带来了媒介的互联和信息互换，也由此带来了信息生产和接受的规模化。

平台、数字与数据技术成为当今广告产业融合发展的核心驱动要素，由其推动的广告产业内外间的分化转型、广泛包容和跨界融合，是广告产业演进的必由之路。融合只是手段，而不是目的，通过融合实现跨越式发展，达到更高层次的多样化，这才是广告产业融合的终极目标。

广告产业的融合进程伴随的是产业内涵与外延的深化、拓展。数字化技术渗透产业融合进程，产业边界开始模糊并逐渐消融。广告产业内融合与跨产业间融合交替发生，业务流程的交叉和重构愈发常态化。构成传统广告产业链的广告主、广告公司、广告媒体和用户则纷纷注入数字化新鲜血液，甚至对广告产业链进行了重组。

数字技术作为广告产业融合的基础，其技术创新是广告产业融合的基础生态和内在驱动力。

新一代信息技术革命和互联网技术的普及以数字技术为代表，数字技术使得报纸、电视等传统媒体与互联网、智能手机、移动媒体相互交融，衍生出了诸如电子报刊、数字电视、网络视频等多种新媒体形态。与此同时，数字技术介入广告产业的服务内容当中，对广告业务流程进行了整合重组，使得广告服务更加适应当下数字环境的需求，传统的广告业态产生重大变革。随着数字传播技术的应用不断加深，数字技术已成为技术创新的主导与推动因素，因此，广告产业的技术融合主要是数字技术的融合。数字技术的融合使得互联网这一信息平台在数字传播技术支持下成为广告运行的"通用平台"，进而将整合营销推到了一个新的风口浪尖上，但是，广告运作亟待做出数字化改变。在原有的技术基础上，数字技术将广告产业与相关产业进行连接，降低了广告进入其他市场的壁垒，逐渐消融了行业间的边界，产业间架构出新的价值网络，创造新的产品和服务。数字技术的创新效应、协同效应和溢出效应则直接引发了广告市场融合。

20世纪90年代后,信息经济时代来临,市场融合开始显露端倪,从一开始的几个产业发展到了越来越多的市场领域,多元化的生产经营连接新的价值网络,创造出新的产品与服务,更好地满足市场需求。然而,市场融合并非一个单独成立的因素,它连接技术融合与产业融合,在技术—市场—产业的联动中发挥着至关重要的作用,市场融合是技术融合的导向,也是产业融合的有力推动。

(二)广告产业的融合形式——渗透、延伸和重组

信息化浪潮下,产业发展总体表现为向技术密集、信息密集的价值环节升级,大数据背后反映出来的正是这种产业结构性调整的变化。数字技术驱动在不同产业间引发了溢出效应,产业之间和广告产业内部的传统边界正在逐渐模糊甚至消失。大型物业公司通过对社区视频数据分析能够开展个性化的广告业务;亚马逊、淘宝等电商网站可根据多年来的用户购买记录,打造强大的实时广告竞价产品。现如今,广告主不只是通过第三方数据来了解受众,其还可直接介入消费者数据的分析、开发。技术驱动是广告专业服务向前发展的源动力,平台、数字与数据技术在广告产业的运用,不断衍生、演化出新兴的广告技术、服务方式与服务业态。从技术推动服务与业务融合的方式来看,主要有以下三类。

1. 渗透融合

渗透融合主要是技术向传统广告产业的渗透,促进新兴数字广告产业链的产生。其渗透融合的路径大体有三:一是广告代理业在互联网、移动互联网平台上的渗透与业务的分化,产生一批数字与互动广告代理服务商,其提供的服务与传统广告公司的业务为替代和互补关系,如传统公司下设的奥美世纪、电众数码,媒体代理的昌荣互动等就偏重于互动营销服务;而一批新兴数字广告公司则偏重精准营销服务,如华扬联众、三星鹏泰、悠易互通等,其广告策划、投放、效果监测都基于海量样本的数据系统,利用定向技术、搜索引擎营销、口碑营销等技术定位目标受众。二是技术向传统广告代理产业渗透与结合,促进了程序化购买广告产业链的兴起,诞生了一批基于数字平台化运营的互联网广告企业。三是服务于数字广告产业链前后端不同环节,所提供服务互补的各类技术服务商。

2. 重组融合

重组融合是指广告产业与其有紧密联系的产业或广告产业内部不同行业之间,原本各自独立的专业服务,在某种标准的集合下,通过重组完全结为一体的过程，其所产生的服务有别于以往的新型服务。在传统媒体时代，品牌咨询或商业咨询服务、消费者和市场调查服务等与广告创意的结合，产生品牌管理服务；在碎片化媒体时代，企业对整合营销传播的要求，使各营销传播不同环节，如公关、营销、互动活动等，通过重组成为广告公司运作品牌管理不可分割的服务业务单元。而在信息技术高度发达的今天，重组融合更多地表现为以信息技术为纽带的、产业链上下游产业的重组融合，融合后生产的新产品、新服务表现出数字化、智能化和网络化的发展趋势，如消费者调查、市场调查与媒介数据行业在网络平台上融合；再如，原生型广告等也是重组融合的重要成果。另外，由于品牌与传播管理在企业管理层面级别的提升，广告公司对品牌消费者的洞察力需要借助数据得以延续和提升，这种洞察力不再是单纯的品牌、传播层面的洞察和策略，而是在企业汇聚的海量信息分析的基础上，针对产品设计、生产、营销、渠道、销售、售后服务一体化的咨询服务，这些洞察力服务需求也为重组融合提供了契机。

3. 延伸融合

延伸融合是指广告及其相关产业与第二产业或其他服务业间的互补和延伸，实现产业间的融合。这类融合通过赋予原有产业新的附加功能和更强的竞争力，形成融合型的新产品、新业务，构造了广告产业的服务新体系，如广告业向数字内容产业的延伸融合，全球领先的传播集团电通安吉斯实施新内容营销，加强与内容供应方的多种合作，包括游戏开发、IP运作、动画制作发行、电影拍摄、体育赛事、机器人艺人项目等。广告媒介商北京竞立媒体有限公司跨界服务于客户的电商营销，利用网络平台赋予电商网络营销与传播平台一体化的优势，一改传统渠道商的角色。再如，利用大数据的融合效应，平台商和电商根据用户记录，打造自己强大的实时广告竞价产品；而广告主则可以直接介入消费者数据的数据分析和开发。

简要追溯现代广告产业融合发展的历史，可以发现，广告产业从专业分化到全面融合，到整合营销传播大放异彩，再到如今正在向"大广告产业"业态靠近的历程和未来趋势，广告产业融合发展演进范式的转型蕴藏着推动产业融合的内在逻辑，一方面，是技术创新带来的数字技术广泛应用于产业边界，同时，广告主的"一站式"购买需求对整合营销服务提出更高的要求，技术与需求的双重作用,使得广告产业打破原有的产业界限,从而形成市场融合。另一方面,市场融合会拓展原来的市场边界或者形成大量的新市场,在这一过程的泛化中,产业扩张渐渐得以实现。

考察广告产业融合态势中出现的三种融合类型,可以将重组融合理解为产业内融合的体现,而渗透和延伸融合则作为跨产业融合的体现。只有以一定的产业边界为划分标准,细致探究广告产业内和跨产业融合的具体发展模式,才能更高程度地理解和把握广告产业融合与细分协同演化的路径。

(三)广告产业的融合效应

平台、数字与数据技术成为当今广告产业融合发展的核心驱动要素,由其推动的广告产业内外结构转型以及广泛包容的跨界融合,是广告产业发展演进的必由之路。

广告产业融合的深度和广度,直接决定了当前广告产业的数字化转型升级能否取得成功。广告产业数字融合产生的效应主要表现在以下层面。

1. 促进产业组织间竞合关系的调整

竞合压力是广告产业融合的企业(产业组织层面)微观层面的长期动因,因此,融合发展必然伴随着公司之间竞争与合作关系的调整。在企业微观层面,广告公司在竞争与合作的压力下,对自身价值链的延伸和优化,对规模经济和范围经济的追求,构成了广告产业融合的基本和长期的动因。

广告产业组织的竞争、合作与共生,提高了广告产业的复杂性和多样性。知识的复杂性和多样性通过产品与技术的复杂性和多样性表现出来。在20世纪初期,广告产业形成之初便形成了广告产业内的竞争、合作与共生,同时,为了争夺广告主,与其他广告公司进行竞争,各个广告公司纷纷进行产品创新和技术创新,从而形成了广告产业系统内的复杂性和多样性。

广告企业的竞争、合作与共生改变了广告产业内广告企业的分布频率。广告企业在争夺自然选择环境的竞争、合作与共生等过程中为广告产业带来资源而推动广告产业演化,同时,企业创新行为又会对广告产业环境进行塑造和反馈。广告企业间的竞争改变了不同企业的分布频率,进而形成主导型子系统,从而推动广告产业的演化。在广告企业竞争与合作关系的发展史上,在20世纪二三十年代，各广告公司的业务以报纸广告为主，报纸广告专业服务构成了广告产业内主导型的子系统；广告产业伴随着改革开放全面恢复以后，广告公司的业务以影视广告为主，影视广告专业便构成了这个时期主导型的子系统；在互联网高速发展的时期，新媒体广告公司的业务迅速发展，通过与传统的广告公司的竞争与合作，新媒体广告终将会成为主导型的子系统。正是这种分布频率的变动和演替，推动了广告产业的不断演化。

总之，数字技术尤其是大数据技术的发展，对不同规模、不同专业公司之间的作业关系带来了不可避免的冲击，这种冲击必然促使广告产业组织间产生新的互动与竞合关系。竞合压力的调整，一方面帮助参与融合的公司获得更大的空间，但又增强了其面临的竞争；另一方面促成广告企业间的共赢思维，即利用在各自领域中的优势，进行合作与分工。

2. 促进广告产业的跨越式发展

（1）广告产业的深度融合必然促进品牌管理运作服务的延展和深化。广告产业的融合是在构建一个互联网化的产业生态链，有助于推动广告产业形成以消费者为中心的传播构架。

（2）技术与创意的融合也在促进创意价值的拓展。技术推动下的广告产业融合，构建了融合化的品牌信息沟通时空，也必然拓展创意的价值。

广告产业融合一个明显的效应，是催生了许多不同于以往"新产品"的融合产品，满足了广告主对更高层次服务的需求。正是在由新产品和新需求构建的良性循环中，整个广告产业链的价值得以提升。

（3）数字化融合促进广告产业结构优化，即融合可有效地扩大相关公司的生存和活动空间，并优化产业结构。

总之，技术创新是广告产业融合发展的核心驱动力，其表现为：基于"数字化"的全媒体产业链的爆发；在大数据推动下，中国智能广告产业竞争力提升；5G技术为产业融合加持。除此之外，消费者追求以及对广告市场的需求，广告产业内部的创新机制——产业组织间的互动与竞合关系，对广告产业演化均有重要的推动作用。

第三节　广告公司数字化转型的实践应用

一、广告产业的数字化运作

数字技术作为当下广告产业最主要的技术环境，在营销传播业、通信领域、互联网市场的扩散和应用上发生溢出效应，重塑了广告业态，引发了广告产业运作各环节的巨大变化；大数据为广告市场运行提供全新的数据基础，广告产业主体运用数字技术、大数据和算法，推动原有业务能力强化，并迸发出新的业务形态。同时，数字技术的扩散效应与溢出效应，也推动了广告产业的全方位融合，为广告产业加入了新的引燃剂，广告主、广告媒体、广告公司、受众这四大广告活动的主体，在广告产业链运作价值链条上的地位和主体角色也因此发生了重构。

（一）广告产业的数字化运作的基本特征

其一，广告产业核心运作环节的数字化，最基础的是市场分析和消费者画像的大数据技术应用。

品牌的差异化竞争，首先表现为对市场、品牌的内容定位和目标受众群的差异化了解。

大数据及其技术突破了传统小样本有限数据的局限，可以实现全样本数据收集、整理与处理。市场、竞争对手或消费者在网上产生的任何行为痕迹，都可以以数据的形式被抓取，并可以进行数据深度挖掘与分析。数据来源的多元化与真实性，保证了数据之间的相互印证，减少了对数据的误判。对目标用户的画像，可以帮助经营者准确推测消费者的兴趣、态度以及需求，进而生产定制化的内容广告，有针对性地进行广告信息推送，即"增强了广告的可读性、针对性和实效性，实现精准推送，大大提高了广告的转化率和成交率"。

传统的广告实践因为缺少数据，造成了"一半广告费被浪费"的常见现象。数据是智能决策的基础，也是用户画像的依据。随着大数据技术的普及发展，"大数据+广告"改变了模式，在计算广告这一广告运作体系下，广泛收集用户的行为数据和广告反馈数据，运用云计算的基础设施将用户标签化，并进行深入的用户画像，在多个广告主竞争同一次广告展示机会时以数据做出展示决策，再将广告的效果数据反馈给广告操作人员以调整投放策略。对市场的把握和对用户的了解都有可靠的数据分析结果作为依托，这也使得精准营销、效果营销有了进一步发展。

其二，技术开始与广告策划、创意深度结合，丰富了互动和创意的空间。

美国广告大师威廉·伯恩巴克于20世纪60年代提出ROI理论，将关联性（relevance）、原创性（originality）、震撼性（impact）即ROI视为广告创意的实用指南和重要法则。进入数字化时代，广告创意由ROI进入SPT时代，即可搜索性（searchable）、可参与性（participative）、可标签化（tagable）。但无论是ROI理论还是SPT理论，创意主体依然以广告主或广告公司为主，消费者还是处于客体的位置。数字技术的运用使消费者成为广告创意的主角，使其从广告的创作客体转向主体，这是彻底的"以消费者为中心"尝试。[1]

其三，数字化信息产品，推动广告与内容的融合。

当前，"互联网+"浪潮突破了传统的媒介形式和产业界限，媒介内容采编和媒介广告经营这两个原本部门相对独立、职能相对不同的板块，在发展和演进过程中也表现出了十分明显的融合趋势，并产生了诸如个性化新闻推荐、内容付费推广、原生广告等兼具内容属性与广告属性的数字化信息产品，形成了"内容广告化"与"广告内容化"的媒介新景观。从生硬组合式的硬广，到巧妙嫁接的植入式广告，再到有机融合的软文广告，直至实现内容与广告一体化的原生广告，广告形态与内容的融合由浅入深，由"显性"到"隐性"，直至"无形"，这一脉络是由数字媒体技术的创新发展引发的，其带来的连锁反应，最终推动了广告与内容在数字技术环境下的融合趋势。

其四，数字技术凸显受众的主体地位，推动人、内容与场景的有机结合。

现如今，受众不再是被动的接受者，而是拥有视听选择权的互联网用户，由被动到主动，受众的主体地位逐渐凸显。数字化技术推动媒介实现从内容、网络到终端的多层级融合，也帮助用户脱离了线性的媒介接触，打破了时空和"屏幕"的界限。无论何时何地，用户都有可能接触到品牌内容，都能决定是否购买或传播品牌内容，还能通过搜索关键词以及微博微信、短视频和内容植入等平台，与

---

[1] 李星熠. 新媒体环境下的广告创意与创新[J]. 出版广角，2016（17）：67-69.

品牌进行深度接触与互动。正因用户主动性攀升，"注意力经济"引入注目，广告的精准营销与效果营销成为主流，同时，广告流程已可支持即时的消费转化，用户点击广告界面，可能从浏览者迅速转化为消费者，广告投放价值进一步实现。

移动互联网帮助了消费者，使其行为始终处在各类场景之中，这也是场景营销诞生的基础，线下商场、线上购物和交通出行等环境都构成了场景营销的条件。"场景"围绕"人"展开，"人"重新回到了市场的核心。场景营销通过将人、内容与场景有机结合，将营销的效果最大化，可以说，"场景"正在重构新型的传播与商业模式。而随着技术手段的演变，未来的场景营销内容也将会更精准、更即时、更具关联性和互动性，也更贴近消费者需求、更易被接受、更易被传播。

其五，技术推动了广告产业链的变化与数字化融合。

在全球数字传播向纵深挺进的时代，由技术所推动的融合力量，成为决定广告走向并构成决定性价值的新要素。融合的趋势，给以4A广告公司为代表的传统广告代理商带来冲击，促进广告产业链各环节发生重大变化，广告主从媒体购买到受众购买，广告媒介从媒介代理迁移到广告交易平台，广告公司从创意代理走向技术驱动。这种变化考验广告公司在数字信息产业中协同前行的能力。广告产业开始大融合，依托数据资源和算法，重组业务模式，简化工作流程，协调跨平台资源和跨模块团队统一作业，促使产业链进行DNA重组，为广告产业融合注入技术活力。同时，在拥抱数字化的进程中，广告产业链上下游之间、广告业与相关产业之间的渗透、延伸、重组、交融，协同共进。

（二）广告产业链上各主体角色的演变

1. 广告主

在传统广告产业链中，广告主在定位其目标用户之后会购买相应的媒体资源，使广告信息得到传播，其本质上是对媒体进行购买而非用户。随着传播的"碎片化"和智能化，受众接受信息的模式发生转变，广告主不仅需要更加精准地把握用户的需求，更为重要的是能够有效触达受众，与其进行"面对面"的沟通，程序化购买应运而生。程序化购买就是基于自动化系统（技术）和数据来进行的广告投放，购买根据大数据分析，借助智能平台，能够更加准确地瞄准目标用户，提高广告投放的效率。然而，在程序化购买产业链中，是先对用户进行数据分析找到目标用户,然后购买这些用户浏览的广告位,其整个过程变为对用户的购买。在这种情况下,广告主在意的不再是广告出现的具体位置,而是能否精准找到其目标用户。对广告主而言,由媒体购买到用户购买,最重要的效益就是提高了广告投放率,节约了资源,避免了资源的浪费。

从投放规模上来看,随着新媒体的出现以及人工智能技术的推动,广告主有了直接面对用户并与之进行沟通的机会,这也改变了许多广告主广告投放的思路——从最初的促进销售转变为构建品牌,取得消费者对品牌的认知、认同和认可,这种思路的变化不仅促成了许多品牌广告模式的变化(如从以往单纯的硬广投放转移至社交媒体上的"众包"与共创广告、制作植入品牌价值的微电影等),更使得品牌广告主的广告花费进一步提升,广告投放走向集中化。

在行业分布上看,虽然近年来媒体广告投放的主要行业较为固定,如日化、食品、饮料、商业及服务性行业,药品等"大消费"行业长期以来都是传统广告投放市场的主力,而交通、网络服务类、食品饮料等则是互联网广告投放的主要领域,但随着人工智能技术的应用和新媒体平台的出现,其余各行业、行业内广告投放的增长速率却出现了分化。比如,随着搜索引擎技术的不断完善和搜索引擎应用在我国网民中的普及,以及得益于搜索引擎广告投放便捷、灵活、见效快、性价比高等特点,我国数千万的中小企业加入了广告投放的队列,这一"长尾市场"的开发无疑使得各行业内广告主的分布更为离散。

2. 广告媒介

在传统广告产业链中,媒体通常是把资源打包销售给媒介代理公司,由媒介代理公司与广告主或是广告代理公司进行交易。对媒体而言,这样不仅能省去与广告主或代理公司打交道的很多麻烦,还可以尽可能多地出售自己的资源。

然而,在移动互联网时代,媒体所拥有的资源无论在数量上和种类上都取得了爆发式增长,无论是媒体资源的购买方式还是广告主对资源的需求,都呈现多样化的态势,广告投放将不同渠道的资源进行整合并且统筹运用成为必需。在程序化购买产业链中,通过与优质资源捆绑打包方式进行售卖,媒体库存广告的价值得到最大程度的发挥,推动其实现程序化购买的重要原因就是广告投放的自动化以及剩余库存的消化需求。整个广告的交易通过 Ad Exchange(互联网广告交易平台)来进行,媒介代理公司在这个过程中逐渐趋于消解。

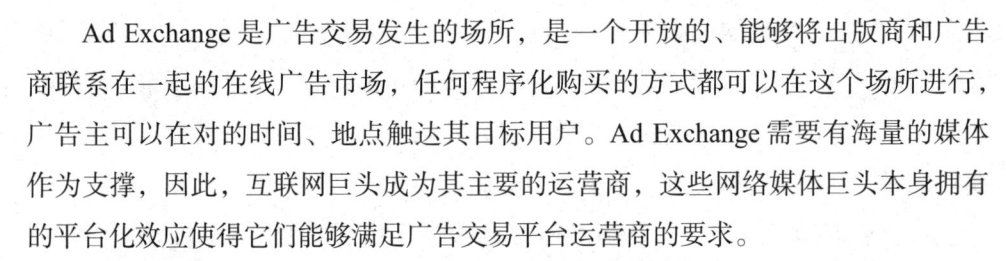

Ad Exchange 是广告交易发生的场所，是一个开放的、能够将出版商和广告商联系在一起的在线广告市场，任何程序化购买的方式都可以在这个场所进行，广告主可以在对的时间、地点触达其目标用户。Ad Exchange 需要有海量的媒体作为支撑，因此，互联网巨头成为其主要的运营商，这些网络媒体巨头本身拥有的平台化效应使得它们能够满足广告交易平台运营商的要求。

3. *广告受众*

广告的效果最终要在广告受众身上体现，广告受众的表现是检验一个广告是否成功的标准。

在传统广告时代，受众作为接受者一方，更多时候是被动接受，广告主只管将广告投放出去，对广告产生的效果也是难以评估的。

在智能广告时代，这种情况不会存在。在大数据、人工智能、社交媒体蓬勃发展的今天，受众不再是被动的受众，受众不仅是信息的接受者，更是信息的生产者。消费者的信息被越来越多的平台、机构搜集，得益于智能技术、大数据、云计算等先进的数字技术，智能机器和智能算法会深入信息内部，充分挖掘有用的信息，了解消费者真正的消费意图。所以，受众接受的广告不再是千篇一律，而是千人千面的状态。广告公司通过平台对"用户画像"的描绘，为每个消费者制定合适的广告，进行精准营销。受众的信息是广告进行制作的基础，受众不再是单一的接受者，而是会对广告的运行起到决定性作用。

4. *广告公司*

在新技术影响下，传统广告公司不断受到技术驱动的瓦解。为了适应新挑战，传统广告公司做了一系列调整，比如，引入智能技术因素，实现智能化转型。

（1）资本与人工智能技术推动下的广告公司分化与融合。在早期，我国广告公司以媒体代理为主，媒体代理佣金是大多数广告公司早期收入的主要来源。但是，由于新媒体所带来的平等和互动的传播格局，消费者对信息接收和筛选的主导性增强，以往的硬广告和强制式广告更是收效甚微，这使得广告界对广告的运营理念发生变化，由单纯的媒介代理走向整合营销传播。加之随着智能技术与大数据等不断成熟与发展，新媒体广告的市场价值和发展潜力受到重视，广告公司针对新媒体广告领域的并购行为愈发常见，其通过资本运作，囊括了传统广告公司和网络广告公司，从而能为广告主提供"全媒体"的广告代理服务。

随着数字技术、智能技术的不断成熟，产业融合成为一个产业要生存下去的必然选择。首先，在技术背景下，单一业务的广告公司很难在竞争中脱颖而出，而大型广告公司的业务不断拓展，不断对小型广告公司进行侵蚀，最终形成并购的结果。其次，小型数字技术公司越来越得到广告主的青睐，尤其是在智能广告等一系列新的广告形态出现之后，广告公司注重的不仅是创意，而是创意加技术。像4A这样的传统广告公司，企业组织很难在短时间内完成转型，无法满足广告主对技术的高标准要求，而小型数字技术广告公司在起步时就特别重视技术部门和技术人才的建设，所以能够在竞争中脱颖而出。传统的广告公司在开展业务时与这些数字技术公司组成联盟，数字技术公司借助传统广告公司的平台和影响力，传统广告公司借助数字技术公司的数字技术平台，二者相互合作，共同发展。

（2）技术驱动为本土广告公司提供新机遇。新型技术为我国广告公司带来一定的发展机遇。新媒体广告逐渐占据主导，广告投放和广告代理在很大程度上由技术驱动，能够缩短我国本土广告公司与跨国广告公司的差距，为本土广告公司的发展提供契机，改善我国广告市场结构。由于新媒体平台上的广告投放与广告代理在很大程度上受技术驱动和主导，这为本土广告公司的发展提供了新契机。

（3）广告公司人员制度的相应调整，技术部门成为公司担当。智能广告时代的来临，改变了广告行业人才供应需求的现状，更多的广告公司将广告创作交给机器制作，人工劳动力正被取代，尤其是在一些重复性、机械性、智能性的工作中，人工就显得有点多余。与此同时，一些新的岗位应运而生，因此，广告公司在组织方面需要做出一定的调整。比如，利欧集团技术部门作为平台对接集团的子公司，向琥珀和氩氪输出广告文案（如段子手、短文案），向MediaV、微创、智趣输出程序化购买支撑技术；在电通安吉斯，技术部门作为溢出的工具平台对其他各个广告业务部门进行支持。相应地，在技术部门成立的同时，人工智能技术人员也是不可或缺的组成部分，因此，需要增强广告工作人员的技术意识，让技术部门成为广告公司的中流砥柱。

（4）广告从业人员的新要求与结构重组。现如今，技术型广告人占比不断增长，对数字技术的掌握成为现代广告人的基本素养，越来越多的广告人时刻关注数字技术的发展和新变化，以获取新的创意灵感。比如，4A广告公司成立了单独的技术部门，给技术型广告人的发展提供了新的平台。同时，随着广告进入智能化时代，对广告从业人员也提出了新的需求。面对条件的变化，广告从业人员必须做出相应的调整，以适应智能技术所带来的变化。首先，广告从业人员必须全面提升自身的综合素质，必须懂得更多跨学科知识，尤其是掌握信息技术，在智能化时代，主要依靠信息技术知识进行创造，掌握必要的信息技术知识是不可或缺的。其次，当今的广告人必须是跨学科、跨领域的综合型人才。有学者就提出了"泛广告人"的概念，其指的是囊括广告创意设计师、广告数据分析师等综合型的新兴岗位。

二、计算广告技术体系的创新应用

最初，互联网被视为广告传播的一种新媒体渠道，从"在线广告"到"互动广告"，对互联网广告的传播方式的探索不断深入。随着技术范式的不断演进，互联网广告发展中涌现出一系列技术和算法，数据、网络和计算的引入在广告运作过程中使决策转化成为计算问题，并在此基础上形成了新的广告运作体系——"计算广告"。

（一）计算广告改变广告运作方式和体系

雅虎研究院资深研究员安德雷·布罗德（Andrei Broder）首次提出"计算广告"这一概念，他认为，在特定语境下，为特定用户和广告之间找到最佳匹配方案，是计算广告的主要任务。[①] 计算广告的发展历经搜索广告（Sponsored Search Ads）、定向广告（Targeted Advertising）、广告网络（Adnet-work）、广告交易平台（Ad Exchange）、实时竞价（Real Time Bidding）、程序化广告（Pro-grammatic Advertising）和原生广告（Native Advertising）等流行的互联网广告技术的应用。基于信息检索技术的搜索引擎广告、基于用户数据分析与挖掘的定向广告和个性化推荐广告就是最早出现的计算广告的几种主要类型。第一阶段，搜索广告首创的关键词匹配、竞价排名和按效果（点击）收费的方式，开创了计算广告的核心技术和经济理念；第二阶段的定向广告，使得广告匹配从搜索引擎拓展到其他数字媒体，各种形式的展示广告都逐渐可以根据网页上下文标签，或者广告受众的地理、位置、性别、年龄、兴趣等属性，匹配出具有针对性的广告；第三阶段的

---

① 姜智彬，秦雪冰. 新编广告学概论 [M]. 上海：上海人民美术出版社，2020.

广告网络和广告交易平台,将海量的数字媒体都纳入一个开放的、规模化、实时竞价和程序化的广告交易市场,使得各种数字媒体都可以分享到广告收益;第四阶段是在移动时代社交网络发展下出现的包括原生广告在内的新变化,试图把广告与用户场景进一步匹配起来。①

数据、网络和计算的引入催生了广告数字化运作体系。借助海量数据、广告网络和强大的计算能力,新体系不仅能提高广告决策效率和效益,也能推动广告市场的产业结构和交易方式的完全重构。广告产业由此开启颠覆式创新。数字化运作体系的新特征在广告运作各环节均有体现。

1. 消费者洞察环节:定制化投放

计算广告可以通过数据分析、机器算法、人群选择和参数设定,触达更理想的目标群体或精准用户。传统广告在投放过程中,广告主通过购买广告版面、广告时段向同质化的大众进行广告信息的传播。数字与数据技术的广泛应用,使得传统广告媒体和新型广告媒体都大踏步进入数字化行列,通过技术手段对用户或媒体受众进行拆分,挖掘出具有相似行为特征的人群,从用户的人口属性、兴趣、意图和社交关系4个维度来判别用户需求、匹配广告信息,这样能发现每一位用户的消费需求和媒介使用习惯,并有针对性地进行广告投放和营销传播,以使广告主高效率按照用户类型进行媒介购买与投放成为可能。同时,数字化环境下的用户的每一种行为、每一次点击都反映出其想法和动机,哪怕他们是无意识的。这些动作会被算法分析记录汇集成大数据,用以洞察用户的消费心理。例如,通过大数据洞察,广告主可以通过捕捉某个精准用户日常浏览网站的内容、线上购物的偏好、搜索引擎的使用等来预测该用户潜在的需求,当用户使用搜索引擎时输入关键词,搜索引擎便会通过高效算法向用户推送特定广告,像天猫、京东、亚马逊等购物网站就通过分析用户的海量浏览和购买数据,发现每一个消费者的潜在需求,预测并推荐其可能感兴趣的商品信息。目前,腾讯开发的一种定向能力便基于人群定向技术,主要是通过基础属性、媒体环境、用户环境、用户行为、兴趣爱好、用户状态等一系列数据划分的维度,在此基础上进一步开展商业兴趣定向、关键词定向、相似人群定向再营销等服务。此外,广告定向对广告媒体而

---

① 马澂. 计算广告对数字媒体的影响:基于技术、数据和市场的重构[J]. 中国出版,2017(24):54-57.

言也是一种有利业务，可以将同一个广告位置按照不同的受众出售给不同的广告主，提高广告市场的流动性。

2. 广告创意环节：个性化推送

随着媒体生态的改变，"一招鲜吃遍天"的时代已一去不复返。广告的边界消融再拓展，使得每一个流程和链条都对创意提出了更高的要求。广告主通过定制化投放，一定程度上实现了精准化投放与传播，触及理想的精准用户，但这仅仅是广告呈现层面的更大触及，用户进一步购买行为的转化才是广告主的终极目的。单从广告定位投放上下功夫只能让广告主节约一定的资金投入，如果广告内容仍是面向不确定性的大众化广告内容，那些愿意了解、购买产品或服务的精准用户或潜在用户便无法被广告主牢牢"笼络"。可见，业务流程前端的广告创意在当前广告业态下至关重要，尤其是电子商务、电影、图书、音乐等需要在用户面前呈现某件商品的基本信息的服务业务，充分研究用户历史浏览与购买行为以及兴趣偏好，从而生产与用户需求高度相关的个性化广告内容，例如，今日头条和微博"千人千面"的智能排序与推荐。当前，计算广告业态客观上要求广告的创意环节进行改进，以使创意能够洞察具体用户的特定意图，并创做出相应的广告。

事实上，程序化广告对创意表达的支持恰恰体现了艺术与技术结合的理想状态，一方面，它可以带来更多、更互动的数字化广告创意形式；另一方面，它也支持即时调整的动态创意呈现，从而向不同情境下的不同用户表达不同的创意诉求。针对海量的用户，个性化广告的创意优化工作，仅凭人工很难完成，还需要借助程序化自动进行，这使得广告创意环节分化出程序化创意的方向。

3. 业务流程延展：效果优化

效果营销、精准营销成为一种主流。数字化环境下的广告一改以往在投放动作完成后就结束的广告流程，支持即时的消费转化，通过点击直接进入广告主的登录页面，购买欲望向消费行动的转化过程被大幅度压缩。需要注意的是，广告公司或广告主自身需要根据对用户的洞察、个性化广告创意的内容，使其从浏览者迅速转化为消费者，从而提升广告效果。否则，当用户进入广告界面后，如果广告内容使得其预期没有被匹配与满足，便会毫不犹豫点击关闭退出界面，而产生的流量费用是广告主已经支付过的，此时便造成了浪费。同时，对用户从点击到转化购买这一过程的数据分析洞察使得广告效果也更加可以被评估和把控，对接下来广告业务的其他环节也有优化推进作用。

4. 统一数字化广告标准：融合化传播

当前，在媒介融合的大环境中，在高科技的带动下呈现多功能一体化的发展趋势，内容融合、网络融合、终端融合都是媒介融合进程中不可或缺的层面。随着传统媒体的数字化转型以及"互联网+"背景下媒介融合的快速发展，新兴媒体与传统媒体几乎已打破技术壁垒差异，通通演变成了数字化媒体，用户不再只拥有报纸、杂志、电视机这样的媒介，而是拥有了越来越多的融合了多种内容要素和信息服务功能的智能设备，一部手机便是一个融合化的屏幕，在用户与用户、设备与设备、用户与设备之间架设起互动的桥梁；呈现在数字化媒体上的广告绝大部分也都是数字化的广告，可以对用户数据实时监测和分析，从而也就具备了进行程序化改造的可能性。《人民日报》"中央厨房"的内容生产便采取了"一次采集，多种生成"的形式，可以适应不同媒介形态的内容传播。同样地，多屏时代下程序化购买的核心要素是实现多屏ID的识别与整合，以此精准地分析目标受众和定位目标人群。广告也需要在创意跨屏展示的流程当中考虑到不同终端的创意尺寸统一化和关键接口的标准化，确立统一的标准，实现所有媒体和终端、线上和线下、内容和广告的融合化屏幕传播。这也直接关系到广告主能否通过一个系统完成多个屏幕的程序化购买，从而推动程序化市场和计算广告标准体系深化，扩大计算广告市场规模。目前，视频广告投放标准（VAST）和实时竞价（Open RTB）标准是比较普遍和典型的接口标准，而未来，广告的多屏传播、跨屏传播将会成为越来越多广告主、广告公司以及广告媒体趋向的行业标准和广告重要业态。

（二）程序化广告

程序化广告，又称程序化交易或程序化购买，"是指利用技术手段进行广告交易和管理"[1]；也可以理解为在广告技术平台上实现广告资源自动购买的过程。

程序化广告的交易过程，实质是在一个数字广告交易平台生态系统里完成的。这一生态系统包括实时竞价模式或非实时竞价模式与一系列广告平台，包括需求

---

[1] 梁丽丽. 程度化广告：个性化精准投资实用手册[M]. 北京：人民邮电出版社，2017.

方平台、广告网络、供应方平台、数据管理平台、采购交易平台、广告交易平台。目前，程序化广告的大致流程可以简单描述为：将受众与用户在浏览终端如手机端 App、网页等时所产生的流量，导入广告交易平台，广告主通过需求方平台，在这些交易平台上通过实时竞价模式和非实时竞价模式两种交易方式购买所需的流量，整体上，这一过程非常智能、快捷、高效，对媒体端来说，也不会浪费太多的流量。

若把计算广告看成一种广告形式，则程序化交易广告是其中的一个分支。从广告运作流程来看，计算广告关注广告运作的几乎所有过程，而程序化广告关注的主要是购买过程。程序化交易从本质上就是运用最新的信息计算技术和大数据处理技术低成本、高效率地实现这种受众定向或流量拆分，从而完成广告主从购买粗放的广告资源向购买精细的广告受众的转变。因此，在当前广告产业转型时期，程序化交易虽然不是计算广告的全部内容，但我们仍然既可以说它是计算广告产业链的核心环节，也可以说它是计算广告新业态的典型表现。这是因为，传统广告的交易模式根本不需要任何强大的计算技术支撑和大规模的数据处理能力，而技术和数据驱动恰恰成为程序化交易的最引人入胜的重要特征。

通过技术和数据进行受众定向并优化购买和投放，的确是程序化的基本价值体现。随着程序化的深入发展，其对广告产业的影响已不仅停留于交易环节，从受众洞察到创意表达，再到广告执行、跨屏投放，再到广告效果监测与优化的所有环节，市场分工都更趋于合理，围绕广告形成了一条清晰的价值生态链，业务流程进化逐步完成，比如品友互动、传漾科技、爱点击等程序化购买广告公司充分利用"大数据"开展程序化投放相关业务，广告与受众价值实现了合理创造与分配。

以上我们将计算广告作为了解与探讨的对象，介绍了计算广告的概念以及发展流变的阶段。置身于产业发展的大环境，广告产业正处在一个颠覆性的创新变革时期，"互联网+"浪潮使得技术和数据成为广告产业的关键要素，各种广告形态都离不开数据和技术的支持，它们与广告产业的具体需求相结合，催生了与传统广告模式差异巨大的计算广告新业态，像定制化推荐、融合化传播、程序化购买和业务流程的延展无一不是计算广告新景观的体现。计算广告在运用技术和数据手段实现情境、广告和用户三者之间完美匹配目标的过程中，广告的程序化购买是关键环节。交易平台给广告业带来的最大改变，就是把买时间、买位置（媒体）转变为买目标用户（消费者），而且是用最适合的价格（在交易平台上完成竞价）买到目标消费者。这种形式完全颠覆了传统的广告购买方式。

（三）OTT 广告

OTT 全称为"Over The Top"，是指通过互联网来向用户提供各种应用的服务，也可以理解为互联网电视相关业务，如智能电视、各类盒子等终端。OTT 广告属性为流媒体平台广告，与网络广告不一样的是，电视屏的广告视觉效果更好，并且电视广告是处于相对封闭的家庭场景。

目前，OTT 广告主要有两大类型。

一是系统层广告。系统层广告依托 OTT 操作系统，由终端厂商所有，主要包括开机、关机、屏保、专区互动等广告形式，多以 CPT（按时长付费）和 CPM（按展示付费）售卖。

二是内容层广告。内容层广告依托视频内容，主要包括贴片、暂停、角标等形式，以贴片广告为代表，终端厂商、牌照方、内容提供方等均有此部分广告资源，主要通过 CPM 售卖。

OTT 这块家庭视频大屏的市场已然成为各资本方与视频网站巨头竞相追逐的蛋糕，而 OTT 广告也成为广告主投放广告以及网络视频流量变现的新战场。面对 OTT 广告市场这片浩瀚的蓝海，各行各业都在设法"破局"，但解决精准和定向问题的关键，归根结底还在于对大数据的掌控和运用。

三、人工智能在广告产业的应用

人工智能给广告业带来了革命性的变化，即衍生出智能广告。智能广告与传统广告相比，有其独特性。

（一）智能广告

1. 智能广告的概念

姜智彬、黄振石以"基础—工具—目的—本性"为框架，对智能广告做出新的定义：智能广告是以数据驱动为基础，利用人工智能技术实现广告内容的耦合生产、精准投放与互动反馈，从而个性化满足消费者生活信息需求的品牌传播活动。[①]从中可以看出，智能广告的技术基础是数据驱动，实现工具是人工智能，从而基于特征建模技术实现广告内容的精准投放，基于深度学习技术建立双向互动的反馈机制，满足消费者生活信息需求的个性化，最终实现技术驱动下的品牌传播。

随着互联网技术的飞速发展、"三网融合"的持续推进，依托于网络的智能电视、网站、移动端、智能机顶盒聚集了大量用户群体，他们拥有较高的消费能力，是社会主流消费群体。随着用户在网络端的聚集，网络广告的市场份额也逐渐扩大，在买卖双方强烈需求的推动下，网络广告的用户群体和市场规模急剧扩张，广告营销模式快速升级，由传统排期采买媒体流量触达人群的方式升级为精准投放的方式，从而催生了智能广告系统。智能广告系统，依托信息技术对传统广告业进行重构。它以强大的技术为支撑，整合有高度的用户、有黏度的内容、有广度的渠道，多元拓展流量运营空间，构建新型广告生态。

2. 智能广告的特征

人工智能技术应用于广告运作的消费者洞察、广告创作、广告投放和广告效果调查等环节，颠覆了传统的广告行业的流程生产，呈现新的特征。

一是广告内容的个人定制化。在现在快节奏生活中，一个消费者一般在一则广告上浏览的时间绝对不会超过5秒钟，除非这个广告有非常吸引他的地方。在碎片化信息传播时代，信息的爆炸式增长造成了受众注意力经济的分散，单纯地依靠阅读量、收视率以及点击率很难实现广告的传播效果。面对庞大的消费信息，如何抓住消费者的眼球就成了关键的一点，这就使得广告主不得不根据消费者的口味与需求来制作广告。在这个千人千面的世界，要想做到这一点，必须为每个人制定合适的传播策略，制作个性化的广告。目前，广告市场已经开启一种全新的个人市场和精准的个人广告投放模式，即获得大量消费者的场景数据之后，广告主跟踪、获取、记录并分析消费者生活中的每一个瞬时场景，并根据这些数据挖掘出消费者的潜在需求，在消费者对其商品或服务感兴趣的瞬间将内容化广告推荐出来，通过更加精准的个性化内容去激发消费者的消费欲望和消费行为，从而使得潜在消费需求向着实际消费需求和实际消费转化。

---

① 姜智彬，黄振石. "基础—工具—目的—本性"框架的智能广告定义探析[J]. 中国广告，2019（11）：80-82.

二是广告内容生产的智能化。广告内容的智能化生产更多的是模仿人脑，生产出更具创意的广告内容。在这个环节，智能广告的生产耗时短、质量高，能够完成人工难以完成的工作量，并且在创意方面能够与工作人员相媲美。

在紧跟人工智能浪潮的同时，广告人的工作应该被重新定义。在当下弱人工智能阶段，智能广告系统只能替代较为简单、重复性高的工作，因此，广告人及其所具备的创新性、想象力仍在广告运作中起主导作用。未来，随着人工智能技术的不断成熟，广告人与智能技术将形成人机协同的运作模式，共同推进个性化广告向定制化、精准化、规模化方向发展。

三是广告发布方式的智能化。据艾瑞网消息，一个完全自动化的广告网络业已发布，它能将几种价格模式和定向方式混在一起，以保证广告获得最好的设置，广告主获得最大的投资回报。消息详细报道了数据广告公司（Tum）发布的与众不同的广告网络 Turm Smart Market。Tum 的机器知识平台可以预测什么广告和价格模式结合后，能给广告主带来最大的收益。[1] 这种广告发布方式依赖人工智能技术的发展，人工计算绝对是一个庞大的数据量。当然，智能广告的发布方式不仅仅是智能化，还有精准、高效的投放效率。

四是用户识别的智能化。智能广告时代，无须纠结哪些是目标消费者，无须通过烦琐的市场调查，主要通过四种方式识别目标用户：网络用户使用行为、页面内容、内容过滤、协同过滤。

近年来，区块链技术的发展对用户画像的精准度有所提升。区块链技术还可以解决传统互联网广告中用户画像的问题。用户画像，即用户信息标签化，就是企业通过收集与分析用户消费行为、社会属性、生活习惯等信息，运用大数据技术抽象出的用户商业全貌。

移动互联网时代消费者的聚合使得广告主可以利用大数据技术对消费者的媒介属性、消费时段、使用位置进行监测，自然意义上的"消费者"已成为数字系统中可跟踪分析、可预测行为的"消费者画像"。

五是广告监测的智能化。广告在进行一系列生产、投放之后需要进行实时的监测，智能广告亦是如此。目前，最有效的网络广告监管方式是智能检测系统，比如，美国网络广告服务商双击公司（Double Click）推出的 DART 是业界领先

---

[1] 易龙. 智能广告初论 [J]. 新闻界，2008（4）：170-172.

的广告智能管理监测系统，该系统能够对在线广告和其他数字传播渠道进行管理、跟踪服务和报告，实现最大限度的广告的命中率。

（二）人工智能与广告产业的结合形态

人工智能技术逐渐显示出在广告领域的特殊张力与创造力，创造出新型的广告形式，不仅极大地丰富了广告内容，更契合了现代人的生活习惯和审美导向，实现了最佳、最优品牌形象铸造的理想化，达到了事半功倍的产品服务宣传效果。

1. VR、AR 广告与多感官广告

近几年，"沉浸式体验"不仅在新闻领域有所发展，在广告领域也引起行业变革。现在，简单的平面广告或是视频广告对消费者的吸引力正在逐步下降，AR、VR、MR 广告成为广告表现的一枝新秀。VR、AR、MR 广告通过全方位刺激受众的听觉、视觉、触觉等感官，带给用户更好的广告体验。在数字化、智能化如此发达的今天，人机交互、传感设备、人工智能不断发展，很少再有广告只是触动消费者的一个感官。平面广告在今天的竞争力已经很弱，消费者更倾向于能够调动更多感官的广告，广告所调动的感官越多，消费者的体验效果就越好。

2. 信息流广告、弹幕广告与原生广告

近年来，微博、微信、抖音等社交媒体不断涌现，衍生出一种新的广告形态——信息流广告。信息流广告是位于社交媒体用户的好友动态或者资讯媒体和视听媒体内容流中的广告，广告形式有图片、图文、视频等。微信、微博现在已经成为人们社交不可或缺的工具，商家也因此倾向于微信、微博中的信息流广告。通过人工智能、算法推荐，可以将广告进行定向投放，如果用户不喜欢，可以将其关闭。信息流广告致力于广告与内容的完美融合，既消除了用户对广告的反感效应，又能精准对准用户。

移动端的飞速发展对各行各业产生了深远影响，广告行业也不例外。在手机等较小屏幕的移动终端，网络广告如果复制 PC 时代的弹窗、横幅广告形式，会严重影响用户体验。广告主对"去广告化"效果的诉求，使得与内容具有高度关联性的原生广告应运而生。原生广告可以统一生产内容与广告，实现"广告即内容"。

3. 智能搜索引擎广告

智能搜索引擎被称为"第三代搜索引擎",是区别于以人工进行目录分类的雅虎等第一代搜索引擎和当今以百度、谷歌所代表的以关键词搜索为核心技术的第二代搜索引擎而提出来的全新的搜索方式。作为对第二代搜索的一种超越,第三代搜索的范式革命主要在于呈现方式以及参差多态的演化路径,其呈现方式有clusty、bbmao 的自动分类、聚合功能以及 Autonomy 这种基于某种专有的模式匹配和概念搜索的算法,可以自动根据文本中的概念进行分类,自动标引,并基于用户兴趣自动匹配出个性化、多侧面的直接或隐含的相关数据。其演化路径有个性化搜索、社会化搜索、本地化搜索、知识问答社区、社区内容搜索。在核心技术上,大致包含人工智能、模式识别、语义分析、神经网络等发展方向。

4. 移动户外广告

在智能时代,提到户外广告,不再是满大街的广告牌,数字技术、智能技术、移动设备的出现对户外广告来说无疑是一次新生。数字化媒体户外广告,利用大数据资源和智能技术,通过对用户的识别,能够实时对不同的用户展现不同的广告,从而实现精准投放,进而颠覆传统广告时代受众目标不明确、面向全体大众的局面,打破了传统媒体广告传播的局限性,使得移动化、互动化成为智能广告的主要传播形态。移动户外广告能够融入用户生活的方方面面,拉近与用户之间的距离,产生情感共鸣。

人工智能技术给广告业带来了翻天覆地的变化,在人工智能影响下,广告业的创新主要体现在受众洞察、广告策划与创意、广告媒介以及广告效果评估等方面,不仅重塑了广告业的生产流程,而且创造出了全新的智能广告形态。总的来看,人工智能技术在广告产业的应用颠覆了原有的广告运作方式,极大地提升了广告产业的运作效率,在现有情况下,借助人工智能实现广告业的革新需要学界业界的共同努力。

5. 程序化购买广告

互联网的技术迭代推动数字营销不断升级,形成了众多的网络广告形式,其中聚焦展示类广告的程序化购买成为数字广告市场的一大创新。程序化广告能够贴合用户需求进行个性化精准推荐,在正确的时间和场景,通过正确的方式,将商品展示到适合的用户面前。程序化购买能够精准获知用户所在的特定场景,并预测出具体消费需求，原生广告能够实现广告信息与内容的高度融合，优化广告效果。聚合两者优势的程序化原生广告将内容、广告、用户和场景完美匹配，既能促使用户主动获取广告信息，又能达到贴合用户需求的营销效果，因而开启了全新的个人精准广告投放模式。

6. 追踪定位推送广告

人工智能技术利用大数据分析，能够更好地了解用户，可以对用户所浏览的网页内容进行深度挖掘。根据语境和内容，算法经过分析，可以推测出用户的需求，然后在合适的时间和地点，通过合适的媒介推送给用户，向用户精准推荐，实现满足用户真实需求的高价值信息传递。近年来，欧美许多国家的书店与商场已经将追踪定位广告与现场营销无缝对接，顾客只要走进书店或百货商场公司，所需要的新商品、新服务、新折扣等信息就会通过智能终端得以显示。

7. 智能跨屏熔屏广告

智能跨屏熔屏广告指的是在人工智能技术的支撑下，广告推送业务可以将报纸、杂志、广播、电视等传统媒体发布平台和移动互联网等新媒体创意平台在需要时实现跨媒体、跨屏幕的彻底融合，并且可以随心所欲地做到手机屏幕、电视屏幕、电脑屏幕"熔屏协作"。透过各个广告发布平台的信息反馈，自动化、智能化适时调整广告发布内容、广告发布形式、广告发布终端、广告发布区位。

8. 智能视频场景广告

智能视频场景广告即智能营销中视频打点技术、视频转写技术、图像识别技术所带动和支持的广告业态。视频打点技术可以用于分析视频内容，如电影里的台词、视频场景里的画面等；视频转写技术可以识别视频内人物讨论的内容；图像识别技术可以识别视频画面内出现的品牌。通过这三种技术的结合运用，可以在视频相应的画面或语音出现的时候推送与内容强相关的场景广告。通过语音识别、语音合成、语义理解等技术，将人机交互数据应用到移动广告中，形成了语音互动广告，同时，借助移动设备上自带的麦克风、陀螺仪等，让人与广告互动。

综上所述，互联网环境带来了消费升级、媒介生态的变化，基于数据的挖掘分析使得数据的价值已然远远超过了数据本身。数据、人工智能技术与广告需求相结合，催生出了计算广告新形态与新业态；数字广告产业通过运用技术和数据手段，解决了情境、广告和用户三者之间完美匹配的核心问题。当前，程序化广告交易日益成为网络媒体和移动媒体占主导的交易模式，使得广告投放更加精准、有效。同时，在数字化推动下，广告产业链的格局正在重构，产业链更为庞杂，分工更为专业和细致，新兴的数字广告价值网络正在快速形成之中，这是一种多元动态的"协同共生结构"。

参 考 文 献

[1] 敖景.管理体系数字化转型实践[M].北京：企业管理出版社，2022.

[2] 卜向红，陈伟兴，张峰生.产业大脑 企业数字化转型赋能[M].北京：中国铁道出版社，2022.

[3] 曾颖.中小企业低成本数字化转型之路[M].北京：中华工商联合出版社，2022.

[4] 陈庭富.数字化转型对企业产能利用率的影响研究[D].大连：东北财经大学，2022.

[5] 丁少华.建模 数字化转型思维[M].北京：机械工业出版社，2022.

[6] 冯宇辰.数字化技术转型对创新绩效影响研究[D].长春：吉林大学，2022.

[7] 高星.数字化转型对企业绩效的影响研究[D].广州：广州大学，2022.

[8] 关俊涛，张保刚，陈磊，等.制造企业数字化转型评价系统的设计与实现[J].成组技术与生产现代化，2022，39（4）：19-23.

[9] 郝峻晟.漫谈云上管理 云计算商业模式与数字化转型[M].北京：机械工业出版社，2022.

[10] 李剑峰.企业数字化转型认知与实践[M].北京：中国经济出版社，2022.

[11] 李源，薛玉莲.数字化转型与企业可持续发展[J].企业经济，2022，41（12）：61-68.

[12] 李梓嫣.大数据背景下企业生产管理的数字化提升策略探讨[J].企业改革与管理，2022（24）：6-8.

[13] 刘涵宇.数字化思维 传统企业数字化转型指南[M].北京：机械工业出版社，2022.

[14] 刘钧.企业档案数字化建设实践与思考[J].陕西档案，2022（6）：44-45.

[15] 刘平. 数字化转型对制造业企业国际化绩效的影响研究：创新能力的中介作用 [D]. 杭州：浙江科技学院，2022.

[16] 刘杨. 数字化转型对企业创新能力的影响 [D]. 长春：吉林大学，2022.

[17] 门峰，吴瑞，董方岐，等. 汽车企业数字化转型的 PEST 分析及对策 [J]. 汽车实用技术，2022，47（24）：183-190.

[18] 奈杰尔·瓦兹. 消亡 传统企业数字化转型 [M]. 罗赞，杜芳，译. 北京：中国广播影视出版社，2022.

[19] 王光鑫，刘思洁. 数字化转型实战指南 [M]. 北京：机械工业出版社，2022.

[20] 王俊. 企业绩效管理的数字化变革及应用策略探析 [J]. 全国流通经济，2022（35）：60-63.

[21] 王利萍，吉国梁，陈宁. 数字化财务管理与企业运营 [M]. 长春：吉林人民出版社，2022.

[22] 王梦瑶. 数字化转型对制造企业全要素生产率的影响研究 [D]. 大连：东北财经大学，2022.

[23] 谢在阳. 企业数字化、多元化经营与创新持续性 [J]. 财会月刊，2023，44（1）：46-55.

[24] 杨洁，马从文，刘运材. 数字化转型对企业创新的影响 [J]. 统计与决策，2022，38（23）：180-184.

[25] 叶丹. 传统制造企业信息技术能力、数字化转型战略和数字创新绩效的关系研究 [D]. 长春：吉林大学，2022.

[26] 叶永卫，李鑫，刘贯春. 数字化转型与企业人力资本升级 [J]. 金融研究，2022（12）：74-92.

[27] 喻彩霞. 数字化技术背景下企业档案管理创新路径探讨 [J]. 黑龙江档案，2022（6）：94-96.

[28] 张世星. 数字化水平对制造企业跨国投资服务化升级的影响 [D]. 大连：东北财经大学，2022.

[29] 张婷. 基于 VR 虚拟现实技术的数字化展示视觉设计研究 [D]. 南昌：南昌大学，2022.

[30] 甄彩霞. 小微企业的数字化转型与企业创新的作用机制研究 [D]. 北京：北京化工大学，2022.

[31] Achieng S M, Malatji M.Digital Transformation of Small and Medium Enterprises in Sub-Saharan Africa:A Scoping Review[J].The Journal for Transdisciplinary Research in Southern Africa, 2022, 18(1):e1-e13.

[32] David M, Gianni R, Robert G, et al.Implementing a Design Thinking Approach to De-Risk the Digitalisation of Manufacturing SMEs[J].Sustainability, 2022, 14(21):14358.

[33] Fang X, Li C.The Driving Factors and Implementation Path of Digital Transformation of Manufacturing Companies:Case Study Based on W Company[J]. Industrial Engineering and Innovation Management, 2022, 5(13).

[34] Hailin L, Hongqin T, Wenhao Z, et al.Impact of Enterprise Digitalization on Green Innovation Performance under the Perspective of Production and Operation[J]. Frontiers in Public Health, 2022, 10.

[35] Mikhail K, Evgeniia K.Factors of Innovation Management Transformation in Digital Innovation Ecosystems of Russian Companies[J].International Journal of Electronic Government Research (IJEGR), 2022, 18(1):1-18.

[36] Mingyue F, Huihua N, Xinyi S.Can Enterprise Digitization Improve ESG Performance? [J].Economic Modelling, 2023, 118.

[37] Sara P, Susanne D.The Usefulness of the Digitalization Integration Framework for Developing Digital Supply Chains in SMEs[J].Sustainability, 2022, 14(21):14352.

[38] Suresh M, Mahima M, Monica F, et al. To Digit or to Head? Designing Digital Transformation Journey of SMEs among Digital Self-efficacy and Professional Leadership[J].Journal of Business Research, 2023, 157.

[39] Tianshun R, Ying G, Xinhao L, et al.Research on the Practical Path of Resource-Based Enterprises to Improve Environmental Efficiency in Digital Transformation[J].Sustainability, 2022, 14(21):13974.

[40] Zhengyi Z, Jun J, Shijing L, et al.Digital Transformation of Incumbent Firms from the Perspective of Portfolios of Innovation[J].Technology in Society, 2023, 72.